D1640307

**HOCHSCHULE
MITTWEIDA**
UNIVERSITY OF
APPLIED SCIENCES

BACHELORARBEIT

Herr

Enrico Zscheile

**Vom Requisit zur Hauptrolle? -
Product Placement in internationalen Filmproduktionen**

2015

Fakultät Medien

BACHELORARBEIT

Vom Requisit zur Hauptrolle? - Product Placement in internationalen Filmproduktionen

Autor:
Herr Enrico Zscheile

Studiengang:
Business Management

Seminargruppe:
BM11wM1-B

Erstprüfer:
**Prof. Dr. phil.
Otto Altendorfer M.A.**

Zweitprüfer:
**Dipl.-Wirtsch.-Ing. (FH)
Alexander Hesse**

Einreichung:
Mittweida, 05.02.2015

Faculty of Media

BACHELOR THESIS

From prop to leading role? - Product Placement in international film productions

author:
Mr. Enrico Zscheile

course of studies:
Business Management

seminar group:
BM11wM1-B

first examiner:
**Prof. Dr. phil.
Otto Altendorfer M.A.**

second examiner:
**Dipl.-Wirtsch.-Ing. (FH)
Alexander Hesse**

submission:
Mittweida, 05/02/2015

Bibliografische Angaben:
Zscheile, Enrico:

Vom Requisit zur Hauptrolle? - Product Placement in internationalen Filmproduktionen

From prop to leading role? - Product Placement in international film productions

2015 - 143 Seiten

Mittweida, Hochschule Mittweida (FH), University of Applied Sciences,

Fakultät Medien, Bachelorarbeit, 2015

Abstract

Infolge der medialen Werbeüberreizung reagieren viele Rezipienten mittlerweile mit Vermeidungsverhalten. Gleichzeitig steigt im Konkurrenzkampf der Marken die Notwendigkeit, die eigene Marke mittels einer Kommunikationsstrategie vom Rest des Wettbewerbsfeldes abzuheben. Product Placement bietet eine Alternative zu klassischen Werbekampagnen, indem Marken oder Produkte in Filme integriert werden, so dass deren Werbebotschaft den Konsumenten während einer freiwilligen Aktivität mit hohem Involvement, dem Film ansehen, unterbewusst erreichen kann. Dabei wird das emotionale Assoziationsumfeld des Films genutzt, um Imagetransfers auf die Marke vorzunehmen. Die beteiligten Filmproduzenten profitieren meist finanziell oder materiell von der Einbindung der Marke, sodass Product Placement als eine tragende Säule der Filmfinanzierung angesehen werden kann. In den Jahrzehnten seiner Anwendung hat Product Placement auch mangels gesetzlicher Regularien stets an Häufigkeit zugenommen, es existieren zahlreiche Formen dieser Werbestrategie, die sich nach verschiedenen Faktoren differenzieren lassen.

Die Einstellungen von Studenten verschiedener Studienrichtungen sowie Filmschaffenden wurden in drei Pilotstudien vergleichend analysiert, um Rückschlüsse auf die Wirkungsweise, die Akzeptanz verschiedener Platzierungsarten sowie die Markenerinnerung zu ziehen.

Als Hauptergebnis lässt sich festhalten: Product Placement sollte als eine ergänzende Kommunikationsmaßnahme betrachtet werden, die je nach Grad der Handlungsintegration in den Film entweder der Aktualisierung der Markenbekanntheit, dem Aufwerten des Markenimages oder seltener der Erleichterung des Eintritts in neue Märkte dient. Dabei muss der Fit zwischen Film und platzierter Marke unbedingt beachtet werden, um negative Reaktanzen auf die Platzierung zu vermeiden. Aus dem gleichen Grund darf die Platzierung nicht zu auffällig hervorstechen, was einige Formen von Product Placement als kontraproduktiv entlarvt. Richtig eingesetzt wirken Platzierungen langfristig und können Kaufentscheidungen unterbewusst beeinflussen.

Inhaltsverzeichnis

Abkürzungsverzeichnis

PP

...Product Placement

PS

...Pilotstudie

VP

...Versuchsperson

ggü.

...gegenüber

vs.

...versus / gegen

URL

...Uniform Resource Locator

Abbildungsverzeichnis

Tabellenverzeichnis

I Theoretischer Teil

1 Einleitung

„Würde ich einen Film drehen, der in der Gegenwart spielt, würde ich so viele Produkte integrieren, wie es geht."[1] - James Cameron

Diese Antwort gab Regisseur James Cameron auf die Frage eines Journalisten, warum in seinem Kino-Blockbuster „Avatar – Aufbruch nach Pandora" (der bisher mit fast $2,8 Milliarden Umsatz erfolgreichste Film der Kinogeschichte)[2], denn kein Product Placement (in der weiteren Arbeit PP genannt) enthalten wäre. Er begründet diesen Verzicht auf das Platzieren von real existierenden Produkten in seinem Film zu Werbezwecken mit der Handlungszeit des selbigen. So spiele „Avatar" 150 Jahre in der Zukunft. Cameron ist der Meinung, dass sich Marken und Kampagnensprache heute zu schnell verändern, um in einem solchen Szenario noch glaubhaft zu wirken. Stattdessen arbeitete die Filmproduktionsfirma Fox etwa mit McDonald's, LG, Samsung und Coke Zero zusammen[3], jedoch im Bereich Merchandising[4] anstatt mittels PP.

Doch was ist „Product Placement" eigentlich, welche Idee steckt dahinter? Welche Ziele verfolgen Unternehmen und Filmstudios damit? Welche Rolle spielt PP bei der Finanzierung von Kinofilmen? Auf welche Art und Weise kann PP erfolgen, in welchen Filmgenres lohnt sich dies? Wie reagiert die Zielgruppe, der Kinobesucher und Filmkonsument, auf diese Werbeform? Wie ist PP entstanden, ist es heute noch zeitgemäß und welche Veränderungen sind in Zukunft möglich?

Ist PP bereits so weit entwickelt, dass mittlerweile Requisiten die Hauptrolle spielen?

---

1   Stedele, 2013: S. 24

2   vgl. http://www.boxofficemojo.com/movies/?id=avatar.htm (abgerufen am 14. Januar 2015)

3   vgl. Stedele, 2013: S. 24

4   Hierbei handelt es sich um verkaufsfördernde Maßnahmen im Handel, im vorliegenden Fall etwa der Verkauf eines 3D-fähigen Fernsehers im Bundle mit einer „Avatar"-Blu-Ray durch LG oder Spielzeugversionen der Figuren aus „Avatar" im Happy Meal von McDonald's.

In der vorliegenden Arbeit soll unter anderem auf diese Fragen eingegangen werden, um einen Überblick über PP zu geben und Schlussfolgerungen aus den bisherigen Erkenntnissen zu ziehen.

In diesem Kapitel werden die grundsätzliche Problemstellung und Ausgangslage erläutert, die Zielstellungen der Arbeit vorgestellt und es werden die Methoden der empirischen Studien sowie die Vorgehensweise bei der Erstellung der Arbeit besprochen.

1.1   Problemstellung

Der heutige Konsument wird mit zunehmender Medienvielfalt immer stärker mit Informationen und Kaufaufforderungen konfrontiert. Um nicht überlastet zu werden, muss der Rezipient selektieren und versucht zunehmend, aus seiner Sicht unnötige Informationen auszublenden und Werbung zu vermeiden. Eine solche negative Reaktion auf Produktinformationen und Werbebotschaften wird auch Reaktanzverhalten genannt.

Ein praktischer Ausdruck dieser Reaktanz ist beispielsweise das sogenannte „Zapping"[5] beim Sehen von Filmen im Free-TV[6]. Hierbei schaltet der Zuschauer in Werbepausen bewusst auf einen anderen Kanal um, da er Werbung vermeiden möchte. Neuartige Festplattenrekorder ermöglichen auch das Aufnehmen eines Films aus dem Fernsehprogramm, wobei ein intelligenter Algorithmus automatisch Werbepausen erkennt und ausblendet. Das Konsumieren der werbefreien Aufnahme ist dank „Time Shifting"[7] sogar sehr zeitnah möglich. Im Gegensatz zu solchen aktiven Werbevermeidungsstrategien steht das passive Umgehen von Werbung durch körperliche oder geistige Nichtanwesenheit[8], also das Unterhalten mit anderen Rezipienten während der Werbepause oder der Gang auf Toilette.

Unternehmen stehen daher vor einer Herausforderung. Werbung, mit der sich der Hersteller eines Produkts oder der Anbieter einer Dienstleistung kommunikativ vom Rest des Wettbewerbsfelds abheben will, stößt zunehmend bei der Zielgruppe auf Werbever-

---

5   vgl. Olney et al., 1991: S. 440

6   Free-TV ist Fernsehen, das im Falle von Privatsendern über Werbepausen und im Falle von öffentlich-rechtlichen Kanälen durch die Zahlung eines Rundfunkbeitrages erfolgt, es steht im Gegensatz zum Pay-TV wie Sky, bei dem kostenpflichtige Abonnements durch den Rezipienten abgeschlossen werden.

7   Beim zeitversetzten Sehen kann ein Film durch einen digitalen Festplattenrekorder aufgenommen und noch während der Aufnahme leicht versetzt angesehen werden.

8   vgl. Gupta et al., 2000: S. 44

meidungsstrategien. Grund für diese Abwehrhaltung ist unter anderem auch die Eintönigkeit und fehlende Originalität klassischer Werbespots.[9]

Während die Akzeptanz solch klassischer Werbung sinkt, ist diese gleichzeitig hohen Kostensteigerungen unterworfen. Daher ist PP für die werbenden Unternehmen eine willkommene Möglichkeit, Reaktanzen zu vermeiden oder zu reduzieren. In den Handlungsablauf eines Films eingebundene Markenprodukte werden von den Rezipienten zwar wahrgenommen, nicht alle realisieren aber zwingend die werbende Funktion dieser Einbindung[10], was Unternehmen eine weitere Methode zur Überbringung ihrer Werbebotschaften eröffnet.

1.2 Ziele der Arbeit

Im Rahmen der selbstgewählten Thematik der Bachelorarbeit zum Abschluss des Studiums „Business Management" an der Hochschule Mittweida soll eine Auseinandersetzung mit den Grundlagen von PP, seiner Arten und Gestaltungsmöglichkeiten sowie eine Beschreibung der Entstehung und Weiterentwicklung von PP erfolgen. Außerdem werden Ziele aller an der Werbeform PP beteiligter Parteien, die Rolle von PP bei der Finanzierung von Filmprojekten sowie rechtliche Grundlagen dafür aufgezeigt. Weiterhin soll mit dieser Arbeit nicht nur ein theoretischer Überblick über PP entstehen, sondern es sollen in drei Studien Erkenntnisse über PP aus Sicht der Konsumenten und der Filmbranche ermittelt werden.

- Das erste Ziel der Arbeit besteht in einer theoretischen Klärung der Grundbegriffe, Arten und rechtlichen Aspekte von PP, einem Überblick über die historische Entwicklung sowie einem Einblick in den aktuellen Forschungsstand. Dies dient der Einleitung, Einführung und Vornahme notwendiger Begriffsklärungen. An Filmbeispielen soll weiterhin versucht werden, aktuelle Product Placement-Strategien zu erforschen.

- Das zweite Ziel ist in der Durchführung von Pilotstudien zum Thema PP gegeben. Es geht um die Wahrnehmung von PP in einer studentischen Stichprobe, eine Kreuzvalidierung dieser Befragung mittels einer Onlinestudie und die Befragung von Medienvertretern über Product Placement im halbstandardisierten Interview.

---

9   vgl. Karrh, 1998: S. 34

10 vgl. Schumacher, 2007: S. 22

- Das dritte Ziel der vorliegenden Arbeit besteht in der Ableitung von Schlussfolgerungen aus den theoretischen und empirischen Erkenntnissen, die sich für die
Werbebranche ergeben.

1.3 Methoden und Vorgehensweise

Zur Erreichung des ersten Zieles, der theoretischen Klärung der Grundbegriffe, Arten
und geschichtlichen und rechtlichen Aspekte von PP, ist es methodisch erforderlich,
eine Literaturanalyse durchzuführen. Zunächst werden Definitionen und Begriffserklä-
rungen vorgenommen, dann die Werbeform PP in den Marketing-Mix eingeordnet. Einige ausgewählte Studien und Werke zum Thema werden vorgestellt, um den aktuellen
Forschungsstand aufzuzeigen. Daraufhin folgt eine Erläuterung der historischen Entwicklung des PP, eingeteilt in drei Phasen, namentlich den Zeitraum vor 1970, die Periode 1971-2000 und abschließend die Zeit von 2001 bis heute, untermauert mit Daten
und Zahlen zur Entwicklung von PP.

Es wird detailliert auf mögliche Erscheinungsformen von PP eingegangen, die nach
dem platzierten Objekt, der Art der Informationsübermittlung und dem Grad der Programmintegration differenziert werden. Ziele der platzierenden Unternehmen einerseits
und der Filmproduzenten andererseits werden gegenübergestellt und Integrationsmög-
lichkeiten von PP in Filme anhand von Filmbeispielen erläutert. Auch die Wirkungsweise
von PP soll beleuchtet werden.

Abgeschlossen wird der theoretische Teil mit einem Einblick in die rechtlichen Grundlagen - sowohl in den USA, als auch in Europa – und die Werbeform PP vom oft gehörten Begriff „Schleichwerbung" abgegrenzt.

Es folgt der empirische Teil, der in der Durchführung und Auswertung von drei Pilotstudien besteht. Diese befassen sich mit der Wahrnehmung von PP in einer studentischen
Stichprobe, der Kreuzvalidierung der Ergebnisse durch eine Online-Befragung sowie
der Befragung von Medienvertretern und Filmschaffenden über das Thema PP mittels
der Methode des halbstandardisierten Interviews.

Aus den gewonnenen Erkenntnissen werden abschließend Schlussfolgerungen gezo-
gen, die in der Einleitung gestellten Fragen werden beantwortet und ein persönlicher
Ausblick gegeben.

2 Grundlagen des Product Placement

2.1 Definitionen / Begriffserklärungen

In der Literatur lässt sich bisher keine einheitliche und allgemein anerkannte Definition finden, es existieren allerdings verschiedene Erklärungsansätze. Product Placement (PP) bedeutet wörtlich ins Deutsche übersetzt „Produktplatzierung". Wissenschaftlich definiert ist PP laut Heribert Meffert „[...] die gezielte Darstellung eines Kommunikationsobjektes als dramaturgischer Bestandteil einer Video- oder Filmproduktion gegen finanzielle oder sachliche Zuwendungen [...]."[11]

Kommunikationsobjekte sind in diesem Fall Produkte und Dienstleistungen, die zu Werbezwecken in einem Unterhaltungsmedium platziert werden, dies kann in Kinofilmen, Musikvideos, Computer- und Videospielen, Fernseh- und Radiosendungen und selten auch in Printprodukten geschehen. In der vorliegenden Arbeit soll sich jedoch speziell auf PP in Kinofilmen konzentriert werden.

Auer, Kalweit und Nüßler verstehen unter PP den kreativen Ersatz von generischen „No-Name-Produkten", die in der Handlung eines Spielfilms auftreten, durch Markenartikel. Somit werden Markenprodukte in die Requisiten eines Films eingebracht, um eine Werbewirkung zu erzielen. Dabei muss das platzierte Produkt oder die platzierte Marke für den Zuschauer deutlich erkennbar sein.[12] Das Produkt kann beispielsweise von einem der Darsteller bzw. seiner Filmrolle besessen, genutzt oder verbraucht werden. Die Werbebotschaft wird also in einen unterhaltenden oder emotionalen Kontext eingebettet. Je nach Intensität und Art der Platzierung kann der beabsichtigte Werbeeffekt stärker oder schwächer ausfallen. Auf verschiedene Formen des PP wird in einem späteren Kapitel noch genauer eingegangen.

Karrh beschreibt PP detaillierter und bezieht ebenfalls die finanziellen Aspekte mit ein. Er stellt PP als „[...] bezahlte Integration von markierten Produkten oder Marken durch auditive, visuelle oder audiovisuelle Übermittlung in Massenmedien [...]"[13] vor.

11 Meffert et al., 2015: S. 686

12 vgl. Auer et al., 1988: S. 11

13 Karrh, 1998: S. 33

Schumacher bezieht in seine Definition von PP Printmedien nicht mit ein. In seinem Ansatz wird PP als „[...] kommunikationspolitisches Instrument [...], bei dem ein Markenprodukt oder ein Markenerkennungszeichen gegen Bezahlung in ein Programm integriert wird und von auditiven, visuellen und/oder audiovisuellen Medien verbreitet wird [...]"[14] verstanden.

Rennhak und Nufer beziehen den Konsumenten ein und bezeichnen PP als „[...] die bewusste Platzierung eines markierten Produkts, einer Dienstleistung, einer abgestimmten Information oder einer Firma im Rahmen eines Spielfilms, einer Fernsehsendung oder einer ähnlichen Darbietung, ohne dass dies für den Medienkonsumenten als von einer Interessengruppe bezahlte, werbliche Kommunikation zu erkennen ist [...]"[15], und heben somit die Wichtigkeit der Nichterkennbarkeit der werblichen Absicht von Seiten des Rezipienten hervor.

Dies ist von großer Bedeutung für das Funktionieren der Platzierungen, denn Sinn des PP ist das Umgehen von Reaktanzen und Ermüdungserscheinungen der Konsumenten auf übliche Werbeformen, wie Werbespots oder Außenwerbung. Reaktanzen treten oft bei zunehmender Wiederholung von Werbebotschaften auf und sind Abwehrreaktionen gegen diese.[16] Ein Rezipient mit neutraler bis ablehnender Haltung gegenüber einem Produkt oder einer Marke wird sich bei gefühlten Beeinflussungsversuchen in seiner Entscheidungsfreiheit bedroht sehen und mit negativer Meinung über das beworbene Produkt und dessen Vermeidung bei Kaufentscheidungen reagieren, also mit einer Abwehrreaktion.[17] Auch Ermüdungserscheinungen bei Wiederholung der Werbebotschaft spielten eine wichtige Rolle bei der Entstehung von PP. Einfluss auf das Auftreten dieses in der Literatur auch als „Wear-Out-Effekt" bezeichneten Phänomens hat die Verarbeitungstiefe der Werbebotschaft durch den Rezipienten. So stellte Nordhielm fest, dass bei einer hohen Verarbeitungstiefe, also dem intensiven Auseinandersetzen mit einer Werbebotschaft, Wiederholungen zu einer Verschlechterung der Einstellung gegenüber der beworbenen Marke führen. Bei einer geringen Verarbeitungstiefe, wie sie auch beim flüchtigen Betrachten von Produktplatzierungen innerhalb einer Filmrequisite der Fall ist, verbessert sich unbewusst die Einstellung des Rezipienten zur beworbenen Marke.[18]

---

14 Schumacher, 2007: S. 8 f.

15 Rennhak et al., 2008: S. 1021

16 vgl. Meffert et al., 2015: S. 710

17 vgl. Meffert et al., 2015: S. 710 / Trommsdorff et al., 2011: S. 263

18 vgl. Meffert et al., 2015: S. 710 / Nordhielm, 2002: S. 380

Was die Methode des PP von der klassischen Requisite eines Films unterscheidet, ist für viele Autoren das Prinzip der Gegenleistung. Die Initiative zur Platzierung eines Produktes geht meist von werbenden Unternehmen aus, die den Filmproduzenten als Ausgleich für das Einbinden ihrer Marke einen Gegenwert anbieten. Diese Gegenleistung kann verschieden gestaltet sein. So erstreckt sich das Spektrum von der kostenfreien Überlassung der einzubindenden Produkte, was die Filmproduzenten von ansonsten möglicherweise anfallenden Mietzahlungen entlastet, über die Kooperation bei der Vermarktung des Films bis hin zu konkreten monetären Zahlungen.[19]

Eine Weiterentwicklung von PP stellt das sogenannte „Branded Entertainment" dar. Hierbei werden die zu bewerbenden Produkte oder Marken nicht länger nur in der Requisite eines Spielfilms platziert, sondern stärker emotional in die Story des Films eingebunden[20], die Handlungsintegration ist deutlich höher. So dreht sich beispielsweise ein ganzer Handlungsstrang um das beworbene Produkt.

2.2 Einordnung in den Marketing-Mix

In diesem Kapitel soll versucht werden, das PP in den Marketing-Mix für Produkte einzuordnen. Dafür ist es zunächst erforderlich, Marketing zu definieren, Marketinginstrumente zu erklären und zu erläutern, was unter dem Begriff Marketing-Mix zu verstehen ist.

Der Marketingbegriff wird in der Regel folgendermaßen definiert:

Nach Manfred Kirchgeorg ist der Grundgedanke des Marketings *„die konsequente Ausrichtung des gesamten Unternehmens an den Bedürfnissen des Marktes. [...] Darüber hinaus ist Marketing eine unternehmerische Aufgabe, zu deren wichtigsten Herausforderungen das Erkennen von Marktveränderungen und Bedürfnisverschiebungen gehört, um rechtzeitig Wettbewerbsvorteile aufzubauen. Darüber hinaus besteht eine weitere zentrale Aufgabe des Marketingmanagements darin, Möglichkeiten zur Nutzensteigerung zu identifizieren und den Nutzen für Kunden nachhaltig zu erhöhen."*[21]

Marketing ist klassisch definiert also ein Unternehmensbereich mit der Aufgabe, Produkte und Dienstleistungen eines Unternehmens zu vermarkten. Zum Umsetzen der Marketingstrategie eines Unternehmens stehen diesem verschiedene Marketinginstru-

---

19 vgl. Bruhn, 2013: S. 373

20 vgl. Hudson et al., 2006: S. 492

21 Kirchgeorg, 2015: http://wirtschaftslexikon.gabler.de/Archiv/1286/marketing-v9.html (abgerufen am 12. Januar 2015)

mente zur Verfügung.

Unter **Marketinginstrumenten** versteht man nach Meffert **Maßnahmen**, die ein Unternehmen einsetzen kann, **um auf den Markt einzuwirken** und diesen entsprechend den vorher **festgelegten Unternehmenszielen zu beeinflussen**.[22]

Ein Marketing-Mix ist die Gesamtheit aller angewendeten unterschiedlichen Marketinginstrumente.[23] In den Wirtschaftswissenschaften wird unter einem Marketing-Mix in der Regel die in Abbildung 1 dargestellte Struktur von Marketingformen verstanden. Der Marketing-Mix in klassischer Form nach Jerome McCarthy besteht aus vier Marketinginstrumenten, der Produkt-, Preis-, Distributions- und Kommunikationspolitik, die die sogenannten „4 Ps" bilden.[24]

Abbildung 1: Marketing-Mix

PP ist ein eher neueres und subtiles Marketinginstrument der Kommunikationspolitik[25], welche die Kommunikation über Produkte in verschiedenen Kanälen beinhaltet.

Meffert definiert Kommunikationspolitik wie folgt:

„[...] Dementsprechend umfasst die Kommunikationspolitik die systematische Planung, Ausgestaltung, Abstimmung und Kontrolle aller Kommunikationsmaßnahmen des Unternehmens im Hinblick auf alle relevanten Zielgruppen, um die Kommunikationsziele

---

22 vgl. Meffert et al., 2011: S. 94

23 vgl. Kotler et al., 2007: S. 25

24 vgl. McCarthy, 1960

25 vgl. Auer et al., 1988: S. 8

und damit die nachgelagerten Marketing- und Unternehmensziele zu erreichen."[26]

Die Kommunikationsinstrumente lassen sich in klassischere („above the line") und modernere Instrumente („below the line") unterscheiden.[27] Ein klassisches Instrument ist beispielsweise die Werbung in Printmedien oder Werbespots in Fernsehen oder Radio. Modernere Kommunikationsinstrumente können Sponsoring, Merchandising, Eventmarketing und auch PP umfassen. Einige Autoren betrachten PP auch als Unterform des Sponsoring, so wie auch Bruhn Ende der 1980er Jahre.[28]

Die Ansprache durch PP ist weitaus langfristiger als bei klassischen Werbeformen, da ein Film wiederholt angesehen werden kann.[29] PP sollte allerdings niemals die einzige Marketingstrategie eines Unternehmens sein, sondern stellt allenfalls eine Ergänzung dar, um sich an eine große Zielgruppe zu wenden, die indirekt erreicht werden soll. Da die Wirkung von PP zu großen Teilen auf einem Wiedererkennungseffekt basiert, wird PP meist flankierend zu anderen Kommunikationsmaßnahmen eingesetzt, da eine bereits vorherige Bekanntheit der Marke oft Voraussetzung eines erfolgreichen PP ist. PP dient in diesem Fall der Aktualisierung der Markenbekanntheit. Dies kann jedoch mit der Art des verwendeten PP und der Integrationstiefe der Platzierung variieren, worauf im Kapitel „Wirkungsweise" noch genauer eingegangen wird.[30]

2.3 Aktueller Forschungsstand

In diesem Kapitel soll versucht werden, durch die Analyse einiger wissenschaftlicher Artikel und Studien zur Erforschung von Prinzipien und Wirkung des PP einige Forschungstrends aufzuzeigen und darzustellen, wie sich aktuell das Forschungsinteresse zum Thema Produktplatzierungen inhaltlich und forschungsmethodisch entwickelt. In der nachfolgenden Abbildung ist ein Überblick über die derzeit wichtigsten wissenschaftlichen Arbeiten zum Thema PP - unterteilt in Grundlagenforschung, Studien zur Akzeptanz gegenüber PP, Erinnerungseffekten, Markenimagewirkungen und weiterer Wirkungen von PP – dargestellt.

---

26 Meffert et al., 2015: S. 569

27 vgl. Meffert et al., 2015: S. 586

28 vgl. Bruhn, 1987: S. 190

29 vgl. Weis, 2012: S. 549 ff.

30 vgl. Brennan, 1999: S. 333 f.

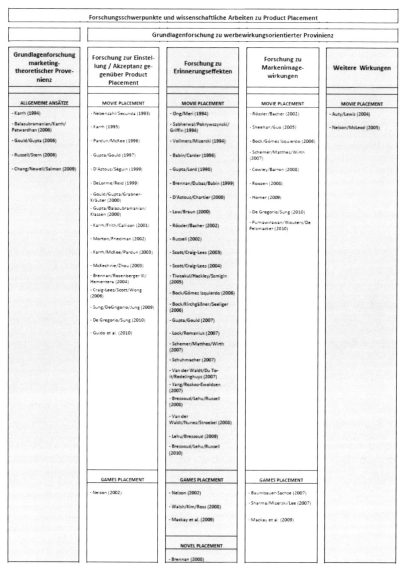

Forschungsschwerpunkte und wissenschaftliche Arbeiten zu Product Placement				
	Grundlagenforschung zu werbewirkungsorientierter Provenienz			
Grundlagenforschung marketing- theoretischer Prove- nienz	Forschung zur Einstel- lung / Akzeptanz ge- genüber Product Placement	Forschung zu Erinnerungseffekten	Forschung zu Markenimage- wirkungen	Weitere Wirkungen
ALLGEMEINE ANSÄTZE	MOVIE PLACEMENT	MOVIE PLACEMENT	MOVIE PLACEMENT	MOVIE PLACEMENT
- Karrh (1994)	- Nebenzahl/Secunda (1993)	- Ong/Meri (1994)	- Rössler/Bacher (2002)	- Auty/Lewis (2004)
- Balasubramanian/Karrh/ Patwardhan (2006)	- Karrh (1995)	- Sabherwal/Pokrywczynski/ Griffin (1994)	- Sheehan/Guo (2005)	- Nelson/McLeod (2005)
- Gould/Gupta (2006)	- Pardun/McKee (1996)	- Vollmers/Mizerski (1994)	- Bock/Gómez Izquierdo (2006)	
- Russell/Stern (2006)	- Gupta/Gould (1997)	- Babin/Carder (1996)	- Schemer/Matthes/Wirth (2007)	
- Chang/Newell/Salmon (2009)	- D'Astous/Séguin (1999)	- Gupta/Lord (1998)	- Cowley/Barron (2008)	
	- DeLorme/Reid (1999)	- Brennan/Dubas/Babin (1999)	- Roozen (2008)	
	- Gould/Gupta/Grabner- Kräuter (2000)	- D'Astous/Chartier (2000)	- Homer (2009)	
	- Gupta/Balasubramanian/ Klassen (2000)	- Law/Braun (2000)	- De Gregorio/Sung (2010)	
	- Karrh/Frith/Callison (2001)	- Rössler/Bacher (2002)	- Purnawirawan/Wouters/De Pelsmacker (2010)	
	- Morton/Friedman (2002)	- Russell (2002)		
	- Karrh/McKee/Pardun (2003)	- Scott/Craig-Lees (2003)		
	- McKechnie/Zhou (2003)	- Scott/Craig-Lees (2004)		
	- Brennan/Rosenberger III/ Hementera (2004)	- Tiwsakul/Hackley/Szmigin (2005)		
	- Craig-Lees/Scott/Wong (2006)	- Bock/Gómez Izquierdo (2006)		
	- Sung/DeGregorio/Jung (2009)	- Bock/Kirchgäßner/Seeliger (2006)		
	- De Gregorio/Sung (2010)	- Gupta/Gould (2007)		
	- Guido et al. (2010)	- Lock/Romaniuk (2007)		
		- Schemer/Matthes/Wirth (2007)		
		- Schuhmacher (2007)		
		- Van der Waldt/Du To- it/Redelinghuys (2007)		
		- Yang/Roskos-Ewoldsen (2007)		
		- Bressoud/Lehu/Russell (2008)		
		- Van der Waldt/Nunes/Stroebel (2008)		
		- Lehu/Bressoud (2009)		
		- Bressoud/Lehu/Russell (2010)		
	GAMES PLACEMENT	GAMES PLACEMENT	GAMES PLACEMENT	
	- Nelson (2002)	- Nelson (2002)	- Baumbauer-Sachse (2007)	
		- Walsh/Kim/Ross (2008)	- Sharma/Mizerski/Lee (2007)	
		- Mackay et al. (2009)	- Mackay et al. (2009)	
		NOVEL PLACEMENT		
		- Brennan (2008)		

Abbildung 2: Überblick Grundlagenforschung

Auer, Kalweit und Nüßler wenden sich bereits 1988 mit ihrem Grundlagenwerk „Product Placement - Die neue Kunst der geheimen Verführung" der Analyse einer damals neu- en Werbestrategie zu. In diesem Werk wird auch an drei Analysebeispielen PP empi-

risch untersucht. Die Analysebeispiele waren die Filme „Die Einsteiger", „James Bond -
Im Angesicht des Todes" sowie „Fire & Ice" von Willy Bogner. Methodisch werden die
Spielfilmverläufe durch Versuchsanordnungen der Vorher-Nachher-Messung untersucht, in denen den Probanden Fragebögen vorgelegt werden, welche aus Eisbrecher-
fragen, offenen Fragen zur Markenbekanntheit sowie semantischen Differenzialen und
soziodemographischen sowie Ablenkungsfragen bestehen. Die Methodik war eine Ka-
schierung des eigentlichen Untersuchungsanlasses, denn nur die offenen Fragen nach
der ungestützten Bekanntheit von Herstellern waren für die Untersuchung relevant.[31]
Die Autoren erläutern die Grundkategorien und Definitionsmerkmale des PP im Anhang
ihres Werkes. Sie unterteilen Product Placements in drei Kategorien[32]:

- Generic Placement, die Kommunikation für eine Warengruppe

- Product Placement, die Kommunikation für eine Marke

- Image Placement, das Gesamtthema eines Filmes ist auf eine Firma oder ein
  Produkt zugeschnitten

Bezüglich Art und Umfang der Produktintegration unterscheiden sie in:

- Akustische Platzierungen (Nennung und gegebenenfalls positive Wertung des
  Markennamens durch den oder die Schauspieler)

- Visuelle Produktfeatures

Wenn das Produkt zu sehen ist, unterscheiden Auer, Kalweit und Nüßler zwischen dem
sogenannten „On-Set-Placement", bei dem die Marke oder ein entsprechendes Plakat
nur kurz zu sehen ist, ohne in die Handlung eingebunden zu sein, und dem sogenannten „Creative Placement", bei dem das Produkt kreativ in die Handlung integriert ist und
von den Akteuren gebraucht oder verbraucht wird.[33]
Das Werk von Auer, Kalweit und Nüßler von 1988 besitzt bereits eine große themati-
sche Breite. Neben den Grundlagen des PP werden auch das Konsumentenverhalten
bei Wahrnehmung und Auslösung der Wirkung von PP thematisiert, es werden aber
auch für die Werbewirtschaft wichtige Bereiche wie Anwendungskriterien und Strategien
des PP erörtert. In einem eigenen Kapitel wird die Durchführung und Operationalisie-
rung des PP in Filmen aus einer Grauzone herausgeführt, und es werden die gängigen

---

31 vgl. Auer et al., 1988: S. 183-242

32 vgl. Auer et al., 1988: S. 264

33 vgl. Auer et al., 1988: S. 174 ff.

Produktions- und Arbeitstechniken beim PP in Filmen aufgezeigt. In einem abschließen-
den wichtigen Abschnitt wird auch die juristische Seite des PP dargestellt.

Auch in wissenschaftlichen Zeitschriften sind aktuelle Arbeiten zu PP zu finden. Ein Beispiel dafür aus dem Jahre 2007 ist die Arbeit der Franzosen Lehu und Bressoud. Sie
untersuchen „Brand Placement" und hierbei insbesondere eine Fragestellung, wie sie
auch in der vorliegenden Arbeit empirisch untersucht wurde. Sie widmen sich den neu-
en Erkenntnissen der Filmbetrachter, welche unter der Wirkung von PP stehen. Die Autoren betonen die wachsende Bedeutung von PP, die eine immer größere Anwen-
dungsbreite erfährt, indem andere Medien und Werbemittel weniger verwendet werden.
Die Autoren erdachten für ihre Studie eine experimentelle Anordnung. Es wurden die
Reaktionen von Filmbetrachtern analysiert, die einen Beitrag mit eingebettetem PP zwei
Mal betrachten mussten, ein erstes Mal in einem Kino und ein zweites Mal auf einer
Heimkinoanlage. Mittels dieser Methodik wurde eine Stichprobengröße von n=3532
französischen Betrachtern von Spielfilmen erreicht. Die Teilnehmer der Studie wurden
nach dem Betrachten des Filmes in einem Telefoninterview mit Fragen zum Film und
darin eingebettetem PP befragt. Die Filme wurden von den Probanden als DVD gekauft,
auch nach der zweiten Filmbetrachtung fand ein Interview statt. Mittels dieser Strategie
konnte auch untersucht werden, wie sich eine Erstbetrachtung eines Filmes im Kino im
Effekt von einer Heimkino-Betrachtung unterscheidet. So wurde ein signifikantes Wie-
dererkennen der beworbenen Produkte registriert, im Gegensatz zur Erstbetrachtung.
Somit erhält PP durch die Heimkino-Auswertung eine vertiefte Bedeutung. Differenzielle
Effekte von PP ergaben sich durch die freie Wahl eines Filmes oder durch Empfehlun-
gen eines Films durch Freunde und Familienmitglieder.[34]

Auf diesen Umstand hatte bereits Brée hingewiesen, der den Schluss zog, dass das po-
tenzielle Zielpublikum einer Produktplatzierung weit größer ist als es die Zahl der ver-
kauften Kinotickets vermuten ließe.[35]

Babacan, Akcali und Baytekin von der Universität Izmir in der Türkei zeigen in ihrer Arbeit aus dem Jahre 2012, dass die Untersuchung von PP nicht länger nur am Beispiel
von Hollywood-Produktionen durchgeführt wird, sondern auch in der Türkei ein neues
wachsendes Arbeitsfeld der empirischen Werbeforschung darstellt. Die Autoren betonen, dass insbesondere im Zeitalter der Globalisierung und Vernetzung von Gesell-
schaft, Wirtschaft und Medien die internationale Bedeutung von PP zunimmt. Mit PP

---

34 vgl. Lehu et al., 2008: S. 1083-1090

35 vgl. Brée, 1996: S. 65-74

wird nicht nur in ausgewählten Ländern versucht, Werbeeinflüsse auf Verkauf zu erzielen, sondern diese Anstrengungen verlaufen zunehmend in einem internationalen Wettbewerb. Dabei, so sehen es die Autoren, kommt es auch zu einer immer stärkeren Vernetzung von Filmindustrie, Fernsehindustrie, Printmedien und Spieleindustrie. Die Arbeit von Babacan et al. fasst grundlegende Eigenschaften von PP zusammen und diskutiert, wie diese Techniken am Beispiel der türkischen Medien Anwendung fanden. Die wissenschaftlichen Aussagen werden durch Beispiele belegt.[36]

Rössler und Bacher haben in einem Ländervergleich zwischen Deutschland und den USA im Jahr 2002 die Einstellung der Probanden zu PP sowie die Erinnerung daran untersucht. Hierzu wurden Studenten aus beiden Staaten dazu angehalten, verschiedene Marken aus dem Film „James Bond - Der Morgen stirbt nie" zu bewerten.[37] Bei der Marke BMW wurde festgestellt, dass keine signifikanten Einstellungsänderungen in der deutschen Gruppe ausgemacht werden konnten. Die US-amerikanische Gruppe hingegen beurteilte die Marke wesentlich positiver als in der ursprünglichen Bewertung. Rössler und Bacher führten dies auf die unterschiedlich ausgeprägte Markenwahrnehmung von BMW in Deutschland und in den USA zurück.[38]

Morton und Friedman betrachteten den Zusammenhang zwischen Einstellungen gegenüber der Werbeform und dem Auswahlverhalten beim Kauf.[39] Die Forscher befragten dafür 132 Studenten einer US-Universität. Abgefragt wurden folgende Themen: PP als Alternative zu klassischer Werbung, Ethik von PP, Einfluss von PP auf Kinoticketpreise, Verbot von PP, Steigerung des Wirklichkeitsbezugs in Kinofilmen durch PP, Zahlungsbereitschaft für Kinotickets von Filmen ohne PP, Einstellungsänderung durch PP und Erinnerung an platzierte Produkte.[40] Das Auswahlverhalten wurden wie folgt operationalisiert: Die Probanden wurden befragt, ob sie nach einem platzierten Produkt gesucht haben, ob sie begonnen haben, ein solches Produkt zu kaufen, ob sie den Kauf ausgeführt haben und ob sie dieses Produkt dann auch genutzt haben. Die Studie ergab, dass sich die Teilnehmer weder für das Verbot von PP, noch für eine Erhöhung der Kinopreise als Ausgleich zum Verzicht auf PP aussprachen. Weiterhin wurde ein signifikanter Zusammenhang zwischen der Einstellung gegenüber PP und dem Auswahlver-

---

36 vgl. Babacan et al., 2012: S. 1319-1330

37 vgl. Rössler et al., 2002: S. 102

38 vgl. Rössler et al., 2002: S. 104

39 vgl. Morton et al., 2002: S. 33

40 vgl. Morton et al., 2002: S. 37

halten beim Kauf festgestellt.[41] Darin sahen die Forscher eine Bestätigung der These, dass PP das Konsumentenverhalten beeinflussen könne.

Bei der Analyse ausgewählter aktueller wissenschaftlicher Veröffentlichungen zu PP sind folgende Erkenntnisse zu erwähnen:

- Es wird in den verschiedenen Arbeiten auf sehr unterschiedliche Fragestellungen und praktische Implikationen von PP im Film eingegangen. Das heißt, es gibt einen breiten Rang von Forschungsfragen, die sich aktuell auf PP beziehen.

- Wissenschaftliche Zeitschriften oder Journale, die sich mit PP beschäftigen, existieren weltweit, es gibt jedoch keine Fachzeitschrift, in der sich zusammengefasst und fokussiert den Problemen von PP zugewandt wird. Das bedeutet, dass Methoden und rechtliche Fragen von PP bisher keinen eigenen wissenschaftlichen Ort besitzen.

- Auffallend war, dass vergleichsweise nur wenige Artikel in wissenschaftlichen Journalen der Filmbranche erschienen sind, jedoch viele Arbeiten im Bereich der Aus- und Fortbildung in psychologischen Berufen angesiedelt waren.

- Seit 1988 existieren wissenschaftliche Publikationen mit Aussagewert, dabei waren keine Höhepunkte der Publikationshäufigkeit zu verzeichnen. Zahlreiche Arbeiten zum PP konnten jedoch nach dem Jahr 2000 aufgefunden werden. Das bedeutet, dass PP ein aktuelles Forschungsthema in der Medienbranche ist.

2.4 Historische Entwicklung

In diesem Kapitel der vorliegenden Arbeit wird die historische Entwicklung von PP beleuchtet. Dabei wird der Untersuchungszeitraum der Entwicklung von PP in drei Phasen untergliedert. Die erste Phase umfasst die Zeit bis zum Jahr 1970. Die zweite Phase bildet der Zeitraum von 1971 bis 2000. Ab der Jahrtausendwende beginnt die dritte Phase des Betrachtungszeitraums.

---

41 vgl. Morton et al., 2002: S. 39

2.4.1   Zeitraum vor 1970

Während das Phänomen PP in Deutschland und Europa noch recht neu ist, hat sich diese Werbestrategie in Hollywood über viele Jahrzehnte entwickeln können. So verdienten schon in der Ära der 20er Jahre spezialisierte Unternehmer Geld damit, an die Filmproduzenten Fahrzeuge, also Automobile und LKW, zu verleihen. Teils waren diese dafür gedacht, im Film als Requisite zu fungieren, wenn etwa der Hauptdarsteller in einem Sportwagen über den Highway fahren sollte, andererseits auch, besonders im Fall der Trucks, konnten damit auch logistische Anforderungen wie der Transport von Crew und Filmausrüstung realisiert werden. Hier fand zum ersten Mal im größeren Stil das Einbinden von real existierenden Produkten in Filme statt. Inwiefern die Automobilhersteller damals Einfluss darauf hatten, ob ihr Fahrzeug oder das eines Konkurrenten gemietet wurde, kann nur spekuliert werden. So dürften in einigen Fällen Requisiteure bestochen worden sein, damit diese ein spezielles Produkt, im vorliegenden Fall ein bestimmtes Automobil, im Film unterbrachten. Wenngleich bei einem größeren und wichtigeren Objekt wie einem Auto eine recht hohe Sicherheit für die werbenden Unternehmen bestand, dass dieses Objekt auch im fertigen Film zur Geltung kam, konnte es bei kleineren, unwichtigeren Objekten durchaus passieren, dass die betreffenden Szenen dem Schnitt zum Opfer fielen und die geleisteten inoffiziellen Zahlungen somit keinen Werbeeffekt erzielten.[42] Professioneller wurde PP Ende der 30er Jahre angegangen, als sich erste spezialisierte Agenturen für Produktplatzierungen entwickelten. Walter E. Kline war einer der Vorreiter und entwarf die sogenannte „Warehouse-Methode". Hierbei wurden in einem Lager zahlreiche Produkte aufbewahrt, welche Filmproduzenten für die Requisite ausleihen konnten. Hier wurden den platzierenden Unternehmen zum ersten Mal Beweise in Form von Fotos vorgelegt, dass das gewünschte Produkt vorteilhaft im Film in Szene gesetzt wurde.[43] In den 60er Jahren stiegen die Produktionskosten in der Filmbranche explosionsartig an, ebenfalls wurde der Wettbewerb unter den Markenherstellern härter. Dies führte zu einer Professionalisierung von PP als eigenständiges Kommunikationsinstrument.[44] Klassischer erster erfolgreicher Fall von dieser neuen Art von PP war 1967 der Film „Die Reifeprüfung" mit Dustin Hoffman, der während des gesamten Films in einem roten Alfa Romeo Spider fährt.[45]

---

42 vgl. Hormuth, 1993: S. 68

43 vgl. ebenda

44 vgl. ebenda

45 vgl. ebenda / Auer, 1988: S. 51 / Scherer, 1990: S. 20

2.4.2   Zeitraum 1971 bis 2000

Im Bereich Automobil war einer der wichtigsten Branchenkenner Herman Hadler, der bereits 1955 begonnen hatte, Chrysler-Fahrzeuge in Filmen zu platzieren. Durch seine zahlreichen Kontakte und Insiderinformationen wurde er zu einem der erfolgreichsten Vermittlungsagenten zwischen Automobilfirmen und den Produzenten Hollywoods. Er spezialisierte sich später auf Mercedes-Benz, so war er auch dafür verantwortlich, dass Eddie Murphy 1984 in „Beverly Hills Cop" einen Mercedes-Benz 380SL steuert.[46] Während Hadler für Mercedes-Benz tätig war, bildeten sich auch für die anderen großen deutschen Automarken, schon damals beliebt in Übersee, eigene Vermittlungsagenturen an der amerikanischen Westküste heraus, im Automobilbereich auch „Transportkoordinatoren" genannt. Norm Marshall platzierte Audi und BMW, Porsche wurde von Studio Services in Filmen untergebracht. Der Inhaber von Studio Services, Howard Buck, gibt an, dass mittlerweile in zwei Dritteln der Fälle der Filmproduzent auf den Transportkoordinator zukommt und PP organisieren will, die Initiative muss nur noch in geringem Maße von Studio Services ausgehen.[47]

1982 gelang ein weiterer Meilenstein in der Geschichte des PP. In „E.T." von Steven Spielberg lässt sich der freundliche Außerirdische vom Protagonisten von Schokoladenbonbons anlocken, gut zu erkennen als "Reese`s Pieces" der Firma Hershey's. Der Umsatz für diese Süßigkeit stieg daraufhin um 70%.[48]

Eine beeindruckende Umsatzsteigerung durch PP - wenn auch in einer TV-Serie - gelang dem Schiffbauer Wellcraft Marine aus Florida. Ihr Schnellboot des Typs „38 Scarab KV" wurde mehrfach als Gefährt der Helden in der von 1984-1989 ausgestrahlten Serie „Miami Vice" platziert. Daraufhin steig der Jahresabsatz von 12 auf 75 Stück der immerhin 130.000 $ teuren Schnellboote, meist gewünscht in exakt der auffälligen Lackierung wie das Exemplar in den Verfolgungsjagden der Serie.[49]

Mary-Lou Galician untersuchte an der Memphis State University, in welchem Maße PP in den Filmen der 70er bis 90er Jahre auftauchte. Dazu wurden jeweils die 15 umsatzstärksten Filme der Jahre 1977, 1987 sowie 1997 sekundengenau auf das Auftauchen von PP analysiert. Das Ergebnis war, dass 24% der gesamten Laufzeit dieser 45 Filme mit PP versehen waren, wobei über die Jahrzehnte eine Steigerung zu erkennen war.

---

46 vgl. Segrave, 2004: S. 174

47 vgl. Auer, 1988: S. 172 f.

48 vgl. Auer, 1988: S. 51 f.

49 vgl. Auer, 1988: S. 53

Wichtigste Branchen bei diesen Platzierungen waren Automobilhersteller mit 21% aller registrierten Placements, Bier mit 14% sowie Sodahersteller wie etwa Coca-Cola mit 11%.[50]

Zwischen 1982 und 1989 gehörte gar das Filmstudio Columbia Pictures dem Coca-Cola-Konzern an, was anderen Limonadenherstellern den Zugang in Filme von Columbia Pictures gänzlich versperrte. So erschienen Filme wie „Ghostbusters" oder „Karate Kid" während dieser Periode, bevor Coca-Cola nach einem großen Kassenflop („Ishtar" von 1987) und einer Neuausrichtung der Vision des Unternehmens schließlich das Studio Columbia Pictures an Sony verkaufte.[51]

1986 beschritt Adidas einen neuen Weg, indem es als eines der ersten Unternehmen ein eigenes Ressort für PP in seiner Firmenstruktur etablierte.[52]

Zur Jahrtausendwende ging ein Film besonders in die Geschichtsbücher des PP ein. Das Logistikunternehmen Fed-Ex finanzierte ungefähr 80% des Kinofilms „Cast Away" mit Tom Hanks in der Hauptrolle und sicherte sich dadurch viele mehr als offensichtliche Platzierungen in der Handlung.[53] So arbeitet der Protagonist für Fed-Ex, es wird die Unternehmensphilosophie vorgestellt (immer pünktliche Paketauslieferung), später findet der gestrandete Fed-Ex-Vertreter gar seine wichtigsten Überlebenswerkzeuge in Fed-Ex-Paketen aus seinem abgestürzten Flugzeug. Der Film kann aufgrund des sehr hohen Grades der Integration der Marke in die Handlung somit bereits als „Branded Entertainment"[54] gelten. Allerdings leistete Fed-Ex keine finanziellen Zuwendungen, sondern übernahm alle Kosten für nur Logistik, Trucks und Ausrüstung des Films.[55]

So schaffte es auch eine weitere Marke in den Film, die heute als Personifikation einer Produktplatzierung gesehen werden kann - der Volleyball der Marke „Wilson".

---

50 vgl. Galician, 2004: S. 15

51 vgl. Moye, 2013: http://www.coca-colacompany.com/history/the-reel-thing-cokes-brief-yet-profitable-foray-into-show-business (abgerufen am 14. Januar 2015)

52 vgl. Hormuth, 1993: S. 69

53 vgl. Galician, 2004: S. 104

54 vgl. Hudson et al., 2006: S. 491

55 vgl. Galician, 2004: S. 104

2.4.3   Zeitraum 2001 bis heute

2003 entlastete BMW die Produktionsgesellschaft Paramount Pictures um hohe Mietzahlungen, indem 32 fabrikneue Mini-Cooper in einer Retroausführung für den Film
„The Italian Job" zur Verfügung gestellt wurden.[56]

Dies wurde von Filmkritikern ebenso wie von Analysten als ein Paradebeispiel für PP
beziehungsweise „Brand Integration" bezeichnet, der Kritiker Joe Morgenstern nannte
„The Italian Job" die „beste Autowerbung aller Zeiten".[57] Der Absatz der Mini-Cooper
stieg weltweit im Jahr 2003, dem Erscheinungsjahr von „The Italian Job", um 22%.[58]

Mitsubishi ging einen anderen Weg und zahlte $25 Millionen, um einige Fahrzeuge im
Tuning-Streifen „2 Fast 2 Furious" zu platzieren.[59]

Eine ganz andere Art von PP fand Anfang des Jahrtausends einen Höhepunkt: das
Country Placement, also das Platzieren von Orten oder Ländern. Nach Ausstrahlung
des Kinofilms „Der Herr der Ringe" nahm die Anzahl der Reisenden nach Neuseeland,
der Kulisse für die Außenszenen der Fantasy-Trilogie, überdurchschnittlich zu. Sogar
spezielle Reisen zu den Drehorten von „Mittelerde" werden angeboten, der neuseelän-
dische Staat förderte die Filmemacher mit zahlreichen finanziellen Erleichterungen.[60]

2004 gaben 45% der Mitglieder der Association of National Advertisers (ANA) an, dass
sie zukünftig Geld aus dem Budget für Fernsehwerbung entnehmen und stattdessen in
PP investieren wollen.[61] 2005 ergab eine weitere ANA-Umfrage, dass 63% der teilneh-
menden amerikanischen Werbeverantwortlichen PP bereits fest in ihre Kommunikationspolitik integriert hatten, 52% spezifizierten, dass zur Finanzierung dieser Aktionen
Geld aus dem TV-Werbebudget umgeschichtet wurde, also noch 7% mehr als ein Jahr
vorher angekündigt.[62]

PQ Media beschrieb 2007 die Entwicklung von PP folgendermaßen: *„Product Placement has emerged from a novel marketing tactic just a few years ago to a key marketing strategy worldwide"*. Das Unternehmen stellte fest, dass bezahltes PP jährlich

---

56   vgl. Lehu et al., 2008: S. 1084

57   vgl. Donaton, 2004: S. 89 f.

58   vgl. Edmondson, 2004: http://www.businessweek.com/stories/2004-04-04/bmws-mini-just-keeps-getting-mightier (abgerufen am 14. Januar 2015)

59   vgl. Marich, 2013: S. 165

60   vgl. Kloss, 2007: S. 501

61   vgl. Stein, 2004: S. 42

62   vgl. Consoli, 2005

durchschnittlich 30% Wachstum verzeichnet.[63] Für 2009 wurde das weltweite Budget für PP auf $6,25 Milliarden geschätzt, 2012 bereits auf $8,25 Milliarden. Bis 2016 wird eine Verdopplung dieses Stands vorhergesagt. Größter Markt für PP sind demnach die USA mit 64% Marktanteil, der am stärksten wachsende Markt unter den 15 untersuchten Ländern ist die VR China mit 27% Wachstum.[64]

Der Regisseur Morgan Spurlock ging in seiner Dokumentation „The Greatest Movie Ever Sold" bereits kritisch und humoristisch auf diese ständige Zunahme von PP ein. Er beleuchtet in der Doku das Vorgehen, um Produkte in Filmen zu platzieren. Der Film wurde zu 100% durch PP finanziert.[65]

Als Fazit ist zu ziehen, dass eine stetige Zunahme von PP sowohl vom wirtschaftlichen Umfang als auch von der Art der verschiedenen Platzierungsmöglichkeiten über die Jahrzehnte zu verzeichnen ist. Auch der Anteil wissenschaftlicher Veröffentlichungen und Untersuchungen zum Thema PP ist kontinuierlich gewachsen. Inhaltlich hat sich das Gebiet von PP weiter differenziert. Es kann damit gerechnet werden, dass PP auch weiterhin als Werbemittel in der Filmbranche genutzt wird und Gegenstand wissenschaftlicher Untersuchungen aus der Konsumentenperspektive oder Effektivitätsperspektive sein wird.

---

63 vgl. http://www.pqmedia.com/about-press-20070314-gppf.html (abgerufen am 14. Januar 2015)

64 vgl. http://www.pqmedia.com/about-press-201212.html (abgerufen am 14. Januar 2015)

65 vgl. Carr, 2011: http://www.nytimes.com/2011/04/17/movies/selling-morgan-spurlocks-greatest-movie-ever-sold.html?
pagewanted=all (abgerufen am 15. Januar 2015)

3 Ziele des Product Placement

Die nachfolgende Darstellung von Zielen des PP zeigt auf, mit welchen verschiedenen Zielen PP umgesetzt wird. Es bietet sich an, die Ziele aus zwei Perspektiven zu unterscheiden: Einerseits aus der Sichtweise der werbenden Unternehmen, außerdem wird die Perspektive der Filmproduzenten erläutert, die PP in ihre Filme einbauen.

3.1 Sichtweise der Unternehmen

Unternehmen haben ein Interesse daran, entweder ihre Produkte und Dienstleistungen bekannt zu machen oder ihr Markenimage im Allgemeinen zu verbessern. Wie bereits in der Problemstellung erörtert, tritt gegenüber den klassischen Werbemethoden zunehmend eine Reaktanz der Rezipienten auf. Diese Reaktanzen zu umgehen und die Konsumenten wieder unvoreingenommen zu erreichen, stellt eine verlockende Chance für diese Firmen dar.

Im Kino ist der Rezipient mit einem hohen Medieninvolvement bei der Sache. Somit ist im Vergleich zum Fernsehen nur in sehr geringem Umfang mit ablenkenden Nebenbeschäftigungen der Zuschauer zu rechnen. Kinobesuche werden meistens gezielt zu Unterhaltungszwecken vollzogen, Interesse am Film kann vorausgesetzt werden. Mit steigendem Involvement ist auch die Wahrscheinlichkeit höher, dass der Zuschauer eine Werbebotschaft wahrnimmt. Damit bietet PP die Möglichkeit, dem sonst teils flüchtigen und selektiven Medienverhalten der potenziellen Kunden entgegenzuwirken. Die Werbebotschaft kann von Anfang bis Ende aufgenommen werden.

Dadurch wird aber nicht ausgeschlossen, dass einzelne Zuschauer die Werbeabsicht des PP erkennen, wodurch die Reaktanz wieder zum Tragen käme. Insgesamt soll also ein ausgewogenes Verhältnis zwischen maximalem PP und einem minimalem Reaktanzverhalten erzielt werden. Zu viele Placements oder zu offensichtliche, aufdringliche Platzierungen stören dieses Gleichgewicht.[66]

Bei einer Befragung von Unternehmen, welche Ziele beim Betreiben von PP verfolgt werden, wurden die Steigerung der Markenbekanntheit, die Imagesteigerung und die Emotionalisierung der Marke als die drei wichtigsten Ziele bewertet. Weitere Ziele wa-

---

66 vgl. Auer, 1988: S. 73 f.

ren die Verkaufs- bzw. Absatzförderung, die Kundenbindung, Mitarbeitermotivation, eine Suggestion von Verwendungswünschen und der Aufbau eines Zusatznutzens.[67]

Allerdings wird für ein erfolgreiches PP meist eine vorherige Bekanntheit der Marke vorausgesetzt. Je intensiver eine Marke bereits im Gedächtnis des Konsumenten verankert ist, desto größer ist die Wahrscheinlichkeit, dass der Zuschauer diese Marke im Verlauf des Films auch wiedererkennt und registriert. Besonders geeignet sind daher Produkte, die aufgrund der Farbgestaltung, auffälligem Logo, Schriftzug, Namen oder der Form sofort identifiziert werden können.[68]

Ziel für ein Unternehmen, dessen Produkte durch PP beworben werden, ist auch die adäquate Verwendung des platzierten Gegenstands. So muss das Produkt zur Handlung und zum Setting, also dem gesellschaftlichen Umfeld, in dem der Film spielt, passen und sollte auch einen Bezug zu den verwendenden Protagonisten aufweisen. Das Image des Schauspielers oder seiner Rolle soll sich auf das Produkt übertragen, sodass eine „Idolwirkung" auftritt. Unglaubwürdige Zusammenstellungen von Produkt und Protagonist wirken sich negativ auf die Einstellung der Zuschauer gegenüber der Marke aus.[69] So passt die Marke Magnum (ein Waffenhersteller) durchaus in den blutigen Zombiestreifen „Dawn of the Dead"[70], in einer Familienkomödie wäre die Marke eher unpassend.

Volkswagen war laut Berichten nicht angetan von der Art und Weise, wie die für den James-Bond-Film „Skyfall" bereitgestellten VW Beetle platziert wurden. So waren diese zwar prominent im Bild zu sehen, ins Geschehen involviert und wurden sogar verbal genannt. Allerdings bestand die Einbindung ins Geschehen darin, von einem (ebenfalls platzierten) Bagger niedergewalzt zu werden. VW gibt an, dies so nicht autorisiert zu haben. Dies zeigt, dass trotz allen finanziellen Absprachen die künstlerische Freiheit oft noch beim Filmteam liegt und es zu solchen „Ausrutschern" kommen kann.[71]

Selbst bei einem eigentlich gegebenen Fit zwischen Marke und Schauspieler können unvorhergesehene Negativeffekte auftreten. So war in der Komödie „Es geschah in einer Nacht" von 1934 der Hauptdarsteller Clark Gable dabei zu sehen, wie er sein Unterhemd abstreifte und fortan mit freiem Oberkörper agierte. Die Männerwelt wollte ihm

---

67 vgl. Auer, 1988: S. 93

68 vgl. Auer, 1988: S. 76

69 vgl. Auer, 1988: S. 77 f.

70 vgl. Lehu, 2007: S. 130

71 vgl. Doll, 2012: http://www.welt.de/wirtschaft/article111248436/Insider-bricht-sein-Schweigen-ueber-Blockbuster-Deals.html (abgerufen am 15. Januar 2015)

nacheifern, was zu einem Einbruch der Unterhemden-Verkäufe führte. Die Hersteller mussten bei den Filmproduzenten intervenieren, Clark Gable trug fortan wieder Unterhemden, der Absatz normalisierte sich.[72] Dass eine mangelnde Kompatibilität zwischen Schauspieler und Marke letztendlich sogar zu positiver Aufmerksamkeit führen kann, beweist „The Expendables 2". Während einer Schießerei reißt Arnold Schwarzenegger die Tür eines Smarts ab, quetscht sich hinein und flucht: "Mein Schuh ist größer als diese Karre." Das klingt nicht wirklich nach einer Kaufempfehlung von ausgerechnet dem Mann, der einst zu den ersten Käufern des Hummers gehörte. Doch für die Marke Smart ist das PP trotzdem kein Grund für Verärgerung, da diese Platzierung nicht von Smart gezahlt wurde, sondern zufällig und kostenfrei zustande kam, als der Regisseur ein leichtes Fahrzeug für das Filmset benötigte. Smart wirbt oft über Guerilla-Marketing, um Werbekosten zu sparen und ließ einen Sprecher mitteilen, dass es im echten Leben „bei einem der sichersten Fahrzeuge in seinem Segment" auch besonders starken Männern nicht gelingen wird, die Tür abzureißen.[73]

Viele Firmen haben PP längst in ihre Markenkommunikation eingebunden, so auch bei Mercedes-Benz. Dabei bedienen sich Firmen sehr häufig professioneller Werbeagenturen, die die Produktwerbung im Auftrag des Unternehmens platzieren und alle Formalitäten klären.[74] Eine solche Agentur ist das Genfer Unternehmen Propaganda GEM von Gründer Anders Granath, die seit 20 Jahren Produkte zahlreicher namhafter Kunden in Filme einbindet. Für Granath folgt PP der Logik der Verwertungskette. "[…] *So ist die Marke im weltweiten Vermarktungszyklus drin, vom Kino über die DVD-Fassung bis zur TV-Ausstrahlung. Werbung bedeutet seit der Nachkriegszeit Unterbrechung, doch die Leute stellen ihr Gerät für die Handlung an […].*"[75] PP baut also Marken und ihre Botschaften direkt in die Handlung ein, die Platzierung ist nicht einmalig wie ein Werbespot, sondern hat dank Zweit- und Drittverwertung des Films eine sehr lange Lebensdauer.

Wolfgang Pappler, Chef einer Wiener Placement-Agentur, erläutert hierzu, dass feste Preislisten nicht existieren. Zahlreiche Faktoren würden über den Preis bestimmen, der wichtigste sei die zu erwartende Zuschauerzahl. Für ihn käme es allerdings ethisch nicht in Frage, Waffen, harten Alkohol, Tabak oder Kinderspielzeug zu platzieren.[76]

---

72 vgl. Auer, 1988: S. 81 f.

73 vgl. CAMPILLO-LUNDBECK, 2012: http://www.horizont.net/marketing/nachrichten/-Der-Schuh-des-Governators-Warum-Smart-in-The-Expendables-2-mitspielt-109627 (abgerufen am 16. Januar 2015)

74 vgl. Förster, 2012: S. 22

75 Güntert, 2012: S. 80 f.

76 vgl. Innerhofer, 2013: http://www.zeit.de/2013/31/product-placement-hollywood-oesterreich/komplettansicht

3.2 Sichtweise der Filmproduzenten

Aus der Sicht der Filmproduzenten bedeutet eingebettetes PP zunächst einmal das Gegenfinanzieren des Produktionsbudgets in oft nicht unerheblichem Maße. Dies kann einerseits durch die Senkung der Kosten durch kostenfrei zur Verfügung gestellte Produktionsmittel geschehen, andererseits durch monetäre Zuwendungen.[77] Das Budget von Filmen ist häufig knapp bemessen, Filmförderung findet nur in eingeschränktem Maße statt. So stand beispielsweise die Realisierung des James-Bond-Films „Skyfall" lange Zeit auf der Kippe, nachdem das verantwortliche Filmstudio Metro-Goldwyn-Mayer am 18. April 2010 in Folge der Finanzkrise Insolvenz angemeldet hatte und die Dreharbeiten unterbrochen worden waren.[78] Nach Fertigstellung wurde „Skyfall" auch als ein Film mit einem besonders hohen Anteil von PP bekannt. Hier wird die Bereitschaft von Filmstudios deutlich, PP verschiedenster Form aus der werbetreibenden Wirtschaft anzunehmen und umzusetzen, um ihre wirtschaftliche Grundsituation zu verbessern.

Neben rein finanziellen Zuwendungen ist es für platzierende Unternehmen oft möglich, bereits mit dem Bereitstellen der einzubindenden Produkte eine Form der Bezahlung an das Filmstudio zu leisten. Hierbei handelt es sich um sogenannte Barter Agreements oder auch Kompensationsgeschäfte.[79] So stellte BMW für den James-Bond-Teil "Der Morgen stirbt nie" insgesamt 17 Luxuslimousinen und zusätzlich einige Motorräder zur Verfügung. Allerdings überstand keines der Fahrzeuge die Dreharbeiten unversehrt.[80]

Herstellerinteressen und Interessen der Filmemacher sind nicht immer identisch. Natürlich möchte der Hersteller positives und wirksames PP in möglichst effektiver Form, dies können Filmschaffende jedoch niemals garantieren, was wie im Fall der BMW-Fahrzeuge auch bis zum Verlust der zu bewerbenden Produkte reichen kann.

In der Regel ist der Einfluss der Hersteller auf die Art und Weise der Eingliederung des beworbenen Artikels in eine Kinoproduktion verhältnismäßig gering, wie im vorherigen Kapitel am Beispiel der VW Beetle deutlich wurde. Für die Produzenten ist es hierbei von entscheidender Bedeutung, anderen Beteiligten möglichst wenig Einfluss auf das Drehbuch und die tatsächliche Umsetzung der Platzierung zu überlassen und den dra-

---

77 vgl. Auer, 1988: S. 147

78 vgl. http://www.zeit.de/wirtschaft/2010-11/mgm-insolvenz-2 (abgerufen am 16. Januar 2015)

79 vgl. Schumacher, 2007: S. 8 f.

80 vgl. Grünweg, 2012: http://www.spiegel.de/auto/aktuell/als-james-bond-noch-bmw-fuhr-der-trick-mit-der-fernsteue-rung-a-863975.html (abgerufen am 16. Januar 2015)

maturgisch-künstlerischen Gesichtspunkten Vorrang zu geben.

Allerdings kommt es - gerade bei kleineren Produktionen - auch vor, dass die Produktionsfirmen mit ihren Drehbüchern an Placement-Agenturen herantreten, um ihre Projekte finanzieren zu können. Etwa 8 % vom Gesamtbudget ließen sich so ansammeln, weit darüber liegen solle der Anteil allerdings nicht, wenn die Platzierungen als notwendige Handlungsrequisiten auftreten und nicht aufgesetzt wirken sollen, so beschreibt es Wolfgang Pappler, Chef einer PP-Agentur aus Wien.[81]

Anhand dieses Faktors lässt sich noch ein anderes Ziel der Filmemacher erklären. Dieses besteht darin, Filme mit überzeugendem und glaubwürdigem Setting zu produzieren. Da Markenprodukte seit vielen Jahren Teil der Lebenswelt der Zuschauer sind, würden völlig erfundene oder gar anonyme Einheitsprodukte in einem realistischen Umfeld eines Films den Rezipienten wohl unglaubwürdig erscheinen.[82]

Doch was, wenn eine Platzierung für ein Produkt vorhanden ist, das noch gar nicht existiert? Es gibt Marken, welche nicht in der realen, nur in einer fiktiven Welt existieren. Diese Marken werden auch Proto-Brands genannt und sind frei erfunden. Assoziationen mit der Marke können sich beim Konsumenten dennoch herausbilden, wie beim „Duff Beer" aus der TV-Serie „Die Simpsons" oder Harry Potters „Bertie Bott's Bohnen in jeder Geschmacksrichtung". Das Produzieren dieser fiktiven Marken in der Realität, genannt Reverse Product Placement, ist abzugrenzen vom Merchandising. Denn während dieses nur weitere Produkte mit Bezug zum Film herstellt, sind fiktive Marken tatsächlich in der Handlung eingebettet, es handelt sich um ein im Film verwendetes Produkt. Eine Klassifizierung als Merchandising wäre nicht korrekt.[83]

Der Vorteil fiktiver Marken ist ein bereits bestehendes Markenimage, bevor das Produkt am Markt erhältlich ist. Während konventionelles PP eine direkte Einnahmequelle oder Kostenersparnis für ein Filmstudio darstellt, geschieht dies bei fiktiven Marken indirekt und zeitversetzt. Bei Erfolg des Films kann mit Hilfe des Reverse Product Placements eine weitere Einnahmequelle erschlossen werden.[84]

Als Fazit kann festgehalten werden, dass sich aus beiden Betrachtungsweisen nachvollziehbare Gründe ergeben, auf PP zu setzen, um im Sinne einer Win-Win-Situation positive Effekte für beide Seiten zu generieren. Die Filmbranche verfolgt hauptsächlich das

---

81 vgl. Innerhofer, 2013: http://www.zeit.de/2013/31/product-placement-hollywood-oesterreich/komplettansicht (abgerufen am 16. Januar 2015)

82 vgl. Johansson, 2001: S. 22

83 vgl. Burmann, 2012: S. 102

84 vgl. ebenda

Ziel der Gewinnmaximierung durch Senkung der Produktionskosten durch PP. Die beteiligten werbenden Unternehmen erhoffen sich eine Zunahme von Umsatz sowie Markenimage.

4 Arten des Product Placement

In diesem Kapitel sollen verschiedene Arten des PP beispielhaft vorgestellt und voneinander abgegrenzt werden. PP kann man nach verschiedenen Gesichtspunkten in Kategorien einteilen. Im ersten Unterkapitel wird eine Unterteilung nach dem platzierten Objekt oder Produkt vorgenommen, im zweiten Abschnitt nach der Art der Informationsübermittlung und im letzten Unterkapitel nach dem Grad der Programmintegration.

4.1 Differenzierung nach platziertem Objekt

Eine große Bedeutung im Rahmen von PP haben Markenartikel, die aufgrund eines gewissen Wiedererkennungswertes besonders geeignet sind. Häufig in einem Film vertreten sind dabei Waren des täglichen Bedarfs sowie Automobile, die aus Realitätsgründen schwer weggelassen werden können. Wenn Arnold Schwarzenegger in „Terminator 3 – Rebellion der Maschinen" in einer Tankstelle einkauft und dabei dank rosa Verpackung gut erkennbare Manner-Waffelschnitten mitnimmt, handelt es sich um ein klassisches **Product Placement**.[85]

Doch nicht nur Produkte, auch Unternehmen und Konzerne können in ihrer Gesamtheit platziert werden. Durch das sogenannte **Corporate Placement**, also das Zeigen eines Unternehmenslogos oder der Nennung eines Konzerns, kann das Gesamtbild einer Firma in der Öffentlichkeit positiv beeinflusst werden, indem beispielsweise unternehmensspezifische Vorzüge wie Kundennähe oder Qualität anschaulich dargestellt werden. Um wirksam zu sein, sollte eine solche Platzierung klar einem bestimmten Unternehmen zuzuordnen sein. Besonders gut sind Firmen geeignet, die dem Rezipienten auch im Alltag schon oft begegnet sind, wie Lebensmittelketten, die Post oder öffentliche Verkehrsbetriebe.[86] Ein solches Corporate Placement ist beispielsweise die bereits erwähnte Platzierung von FedEx in „Cast Away", mit welcher dem Zuschauer sogar die Unternehmensphilosophie (Pünktlichkeit) nahegebracht wird. Im Film „Die Fremde in dir" mit Jodie Foster wird immer wieder auf die Tageszeitung The New York Post Bezug genommen, die als Arbeitgeber der Hauptfigur fungiert.

---

85 vgl. Innerhofer, 2013: http://www.zeit.de/2013/31/product-placement-hollywood-oesterreich/komplettansicht (abgerufen am 16. Januar 2015)

86 vgl. Hormuth, 1993: S. 72

Doch auch das Platzieren von vielen verschiedenen Produkten eines Unternehmens mit dem Ziel der Präsentation der Produktpalette oder Vielfalt der Unternehmensleistungen kann als Corporate Placement angesehen werden, etwa wenn in „Spy Kids" verschiedene Speisen von McDonald's verzehrt werden, darunter ein komplettes BigMac-Menü mitsamt Pommes Frites und Getränk.[87]

Mercedes-Benz betrieb diese Placement-Form auch in „Sex and the City", in dem ein Protagonist die S-Klasse fährt, die Mercedes-Benz Fashion Show eine Rolle in der Handlung spielt und der neue Mercedes-Benz GLK in Weiß, zu dieser Zeit noch ein Prototyp, von der Hauptdarstellerin genutzt wird.

Da der GLK zum Zeitpunkt des Filmstarts noch nicht auf dem Markt erhältlich war, handelt es sich um ein **Innovation Placement**. So wird die Vorstellung einer Marktneuheit durch PP bezeichnet. In "Zurück in die Zukunft" von Steven Spielberg wurde erstmalig eine Videokamera der Marke JVC vorgestellt, die anderweitig noch nie beworben worden war. Bei dieser Variante ist jedoch beim Verbraucher kein Wiedererkennungseffekt des Produkts möglich, da nur einige wenige Konsumenten, die sich intensiv mit der Produktentwicklung des Herstellers beschäftigt haben, das Produkt überhaupt erkennen. Zur erfolgreichen Einführung einer Marke kann daher nicht völlig auf PP gesetzt werden, sondern dies nur als ergänzende Maßnahme betrachtet werden.[88]

BMW hält für Hollywood-Filme eine eigene Flotte von fast 60 Fahrzeugen in Los Angeles bereit, die bei Bedarf an verschiedenen Filmsets eingesetzt werden. Dies geschah schon im Film „The Game", in dem Darsteller Michael Douglas in einem BMW 740iL fährt und das Bordtelefon ausgiebig demonstriert. Auch der Hybrid-Supersportwagen i8 wurde platziert, in „Mission: Impossible Phantom Protokoll" kündigt Tom Cruise den Auftritt des Fahrzeugs mit „Wartet, bis ihr den Wagen seht!" an.[89]

Doch auch in deutschen Produktionen, wie etwa „Der Schlussmacher" von Matthias Schweighöfer, ist Innovation Placement zu finden, in Form von zwei Prototypen der damals neuen Mercedes-Benz A-Klasse.[90]

Der elektrisch betriebene Renault Twizy wird in „The Zero Theorem" von Terry Gilliam in einer futuristischen Umgebung eingesetzt, allerdings existiert das Fahrzeug tatsächlich. Sollte ein Produkt, das in einem futuristischen Setting platziert wird, jedoch nur der Fan-

---

87 vgl. Schneider, 2013: S. 433

88 vgl. Auer, 1988: S. 94

89 vgl. Güntert, 2012: S. 80

90 vgl. Müller, 2014: S. 80

tasie der Designer entspringen, um mögliche Weiterentwicklungen einer existierenden Marke in der Zukunft aufzuzeigen, spricht man von **Futuristic Placement**. Ein Beispiel dafür ist der glänzende Weltraum-Mercedes in „Spaceballs" von Mel Brooks.[91]

Besonders aufwändig war hingegen der Auftritt eines Audi in "I, Robot" mit Will Smith von 2004. Die Konstrukteure hatten speziell für den Film, dessen Handlung im Jahr 2035 angesiedelt ist, einen Prototypen namens Audi RSQ entworfen, der auf Kugeln in alle Richtungen steuerbar ist und dessen charakteristisches Design für den mittlerweile tatsächlich erhältlichen Audi R8 Pate stand.[92]

Abbildung 3: Audi RSQ in „I,Robot"

In „Ender's Game" von 2013 ist Audi wieder mit einer Studie - dem Audi Fleet Shuttle Quattro - vertreten, diesmal wurde diese jedoch (in Zusammenarbeit mit dem Filmstudio Summit Entertainment) rein virtuell entworfen und digital in den Film mit Harrison Ford integriert.[93]

Obwohl Automobile sich für Futuristic Placements am meisten anbieten, da sie sehr auffällig in die Handlung integriert werden können, finden solche Science-Fiction-Platzie-

---

91 vgl. Auer, 1988: S. 172

92 vgl. Müller, 2014: S. 80

93 vgl. ebenda

Abbildung 4: Audi Fleet Shuttle Quattro in „Ender's Game"

rungen auch in anderen Branchen statt, wie ein Schwebezug der amerikanischen Bahngesellschaft Amtrak im Film „Die Insel" von Michael Bay beweist. In selbigem Film hat auch Microsoft ein Futuristic Placement untergebracht, eine Virtual-Reality-Version seiner Xbox-Spielkonsole.

Als Gegenstück zu Futuristic Placement kann das **Historic Placement** gelten. Hier handelt es sich um eine Form des PP, die an den historischen Kontext der Filmhandlung angepasst wurde. Dabei können naturgemäß nur historische Epochen verwendet werden, in denen schon Markenartikel existierten, ein im Mittelalter angesiedelter Film kann kein Historic Placement enthalten. Beliebte Epoche sind hierbei die 20er und 30er Jahre. Im Film "Radio Days" von Woody Allen wurde Coca Cola mittels an diese Zeit angepasste Flaschen, Automaten und Schriftzüge präsentiert.[94]

In „Der große Gatsby" mit Leonardo DiCaprio wurden zahlreiche Marken an die Epoche der „Goldenen Zwanziger" angepasst, so etwa Cocktailkleider von Prada, Diamantschmuck von Tiffany, 500 Herrenanzüge der Marke Brooks Brothers sowie Champagnerflaschen von Moët & Chandon.[95] Brooks Brothers nutzte diese Platzierung für eine begleitende Werbekampagne (siehe Abbildung), da die Marke der getragenen Anzüge im Film nicht für jeden Zuschauer sofort ersichtlich ist. Hier ist die begleitende Kampagne sehr wichtig für die Verbindung von Image der Filmfiguren und Marke im Gedächtnis der Rezipienten.

---

94 vgl. Auer, 1988: S. 172

95 vgl. Armstrong, 2013: http://www.standard.co.uk/lifestyle/esmagazine/the-great-gatsby-gamble-8619334.html (abgerufen am 16. Januar 2015)

Abbildung 5: Brooks Brothers-Kampagne zu „Der große Gatsby"

Eine weitere Form des PP ist das **Generic Placement**. Dabei ist weder das Markenlogo zu sehen, noch wird der Hersteller genannt, es findet nur eine häufige Verwendung oder Nennung einer bestimmten Produktgattung statt. Man kann Generic Placement im eigentlichen und im weiteren Sinn unterscheiden. Generic Placement im eigentlichen Sinn bedeutet, dass eine Produktgattung ohne Nennung einer speziellen Marke platziert wird. Als Generic Placement im weiteren Sinne kann die namenlose Platzierung eines Produktes, welches aber durch die Form der Verpackung oder die die Ähnlichkeit des Logos vom Zuschauer automatisch mit dem Markenprodukt assoziiert wird, verstanden werden.[96]

Ein Beispiel für Generic Placement ist das Trinken des alkoholischen Getränks Absinth im Thriller „From Hell" mit Johnny Depp. Der von Depp gespielte Inspektor Abberline berauscht sich mehrfach während der Handlung mit Absinth unbekannter Marke, welcher unter anderem durch diese Platzierung wieder zum angesagten Modegetränk wurde.[97]

Generic Placement kann besonders für Unternehmen in Frage kommen, die einen sehr hohen Marktanteil in ihrem Segment halten. Ansonsten ist es sehr wahrscheinlich, dass

---

96 vgl. Auer, 1988: S. 97

97 vgl. Lempert, 2011: http://archiv.magazin-forum.de/pastis-und-absinth-bruder-wider-willen/ (abgerufen am 16. Januar 2015)

Streuverluste, auch der Konkurrenz zu Gute kommen. Jedoch können Unternehmen auch zusammenarbeiten, um eine verrufene oder aus der Mode geratene Branche als Ganzes wiederzubeleben.[98]

Bei **politischem Placement** werden Ansichten von Interessenverbänden und politischen Gruppierungen im Film eingeflochten. Ein Beispiel hierfür ist der Film „Top Gun" mit Tom Cruise, der einen Kampfjetpiloten verkörpert. Nachdem dieser (sehr erfolgreiche) Film in den USA anlief, stieg die Zahl der Bewerber zur Ausbildung zum Jetpiloten bei der US-Navy sehr stark an. Dieser Erfolg könnte durch das Zusammenfallen von Filmstart und den Ereignissen in Libyen 1986 begünstigt worden sein. Damals flog die US-Luftwaffe Angriffe auf Tripolis und Bengasi als Reaktion auf den Terroranschlag in der Berliner Diskothek La Belle, der sich gegen US-Soldaten richtete.[99]

Auch der Begriff des "Agenda Setting", dem Setzen von bestimmten Themenschwerpunkten in der öffentlichen Diskussion[100], kann damit in Verbindung gebracht werden.

Ein fließender Übergang besteht zum **Image Placement**, auch **Idea Placement** genannt. Hier werden bestimmte Ideen, Verhaltensweisen oder auch Modetrends propagiert. Die Handlung von „Dirty Dancing" von 1987 besteht etwa im Wesentlichen aus Tanzen, die Zahl der Tanzkursanmeldungen nahm in der Folge signifikant zu.[101]

Besonders im Gesundheitssektor ist diese Art des PP häufig anzufinden. So können die gesunde Ernährung Heranwachsender mittels Vorbildfunktion beworben[102] oder für Geschlechtskrankheiten sensibilisiert werden. In „Dragnet" verzichtet beispielsweise Tom Hanks mangels Kondom auf eine Gelegenheit zu sexuellen Handlungen.[103]

Beim **Service Placement** werden bestimmte Berufsgruppen in ein besseres Licht gerückt, auch dafür kann „Top Gun" als Beispiel gelten.

Wie bereits weiter oben beschrieben, ist in einem in einer mittelalterlichen Welt angesiedelten Film normalerweise kein Placement möglich. Eine verbliebene Möglichkeit ist hier das **Country Placement**, also die Platzierung von Städten, Ländern oder Orten mit dem Ziel der Tourismussteigerung. Das Image einer bestimmten Region kann so verbessert oder die Bekanntheit stark erhöht werden. Neben dem bekannten Beispiel

---

98 vgl. Auer, 1988: S. 97

99 vgl. Auer, 1988: S. 132

100 vgl. Esch, 2014: http://wirtschaftslexikon.gabler.de/Definition/agenda-setting.html (abgerufen am 16. Januar 2015)

101 vgl. Müller, 1997: S. 112

102 vgl. Charry, 2014: S. 599

103 vgl. Auer, 1988: S. 99

von "Der Herr der Ringe" und Neuseeland können in diesem Zusammenhang die Walt Disney-Animationsfilme "Frozen" und "Brave" erwähnt werden. Ersterer wirbt für Norwegen, letzterer für Schottland. Für "Brave" wurden ganze Landschaften originalgetreu nachgebildet, Schottlands Tourismusorganisation VisitScotland rechnet in den nächsten 10 Jahren mit £140 Millionen zusätzlichem Umsatz für Schottlands Hotels.[104]

Auch negative Effekte sind möglich. Die Schweiz will ihr Image wieder stärker auf Schokolade und Gebirge und weniger auf Bankgeheimnis und Geldwäsche lenken, also mehr als Urlaubsland und weniger als Steuerparadies wahrgenommen werden. Auch Firmen wie Victorinox leiden unter den mehr als 700 negativen Anspielungen, die in Filmen in den letzten Jahrzehnten enthalten waren, so beklagt es Anders Granath von der Genfer Agentur Propaganda GEM, die sich auf PP spezialisiert hat.[105]

Bei der Anwendung von **Music Placement** werden real existierende Musikstücke im Film platziert, ein Beispiel hierfür ist der Titelsong zu „Skyfall" von Adele. Mit **Reverse Placement** werden, wie oben beschrieben, fiktive Marken in die Realität überführt.

4.2   Differenzierung nach Info-Übermittlung

Die meisten Fälle von PP sind dem **visuellen Placement** zuzuordnen, also der optischen Sichtbarkeit der platzierten Produkte oder Marken. Der Vorteil liegt in der Wirkung, da Bilder im Gedächtnis besonders gut gespeichert werden können.[106] Diesem visuellen Placement steht dennoch eine akustische Variante gegenüber. Solches **Verbal Placement** ist bei der Erwähnung der Marke oder gar Einbindung in Filmdialoge gegeben. Als bekanntes Beispiel für Verbal Placement kann die Nennung von Whiskas-Katzenfutter im James Bond-Teil "Im Angesicht des Todes" gelten.[107]

Auch in „Casino Royal" wirbt James Bond verbal. Auf die Frage nach seiner Uhr („Rolex?") antwortet er mit „Nein, Omega." Dieses Verbal Placement könnte dem Fakt entsprungen sein, dass für unwissendere Zuschauer die Marke der Uhr nicht auf einen Blick erkennbar wird.

---

104 vgl. McKenzie, 2013: http://www.bbc.com/news/uk-scotland-highlands-islands-24014661 (abgerufen am 16. Januar 2015)

105 vgl. de Senger, 2012: http://www.bilan.ch/economie-exclusif/comment-pousser-hollywood-voir-la-suisse-en-rose (abgerufen am 16. Januar 2015)

106 vgl. Hauffe, 2004: S. 19

107 vgl. Auer, 1988: S. 211

Unterschieden wird beim Verbal Placement dabei, ob eine zusätzliche Wertung vorgenommen wird. Wenn dies der Fall ist, spricht man von einem Placement mit Endorsement, wenn das Produkt nur verbal genannt wird, ist kein Endorsement vorhanden.[108] Ein Beispiel für vorhandenes Endorsement sind die Twinkies aus „Zombieland". Der Redneck Tallahassee ist während des gesamten Films auf der Suche nach übrigen Beständen dieses Süßwarenartikels und erwähnt immer wieder deren Köstlichkeit.

Die gewünschten Assoziationen mit einer Marke können dem Rezipienten auch über ein **Titelpatronat**, also die Integration in den Titel eines Films (Beispiel: „Der Teufel trägt Prada") oder **Celebrity Placement** beigebracht werden. Bei letzterem werden Lifestyleprodukte wie Uhren, Autos oder Designerkleidung kostenlos oder gar gegen Honorar an Schauspieler oder andere Prominente abgegeben, damit diese sich bei Empfängen, Premieren oder anderen Anlässen damit sehen und fotografieren lassen.

4.3 Differenzierung nach Grad der Integration

Auch nach der Tiefe der Integration der Marke in die Handlung eines Films kann PP kategorisiert werden.

Beim sogenannten **On-Set Placement** ist das Produkt für den Handlungsablauf unwichtig, es tritt am Rande oder im Hintergrund und für einen kurzen Zeitraum auf. Diese Art von Placement kann dennoch umfangreich sein. Das italienische Modelabel Giorgio Armani hat auch eine Möbelkollektion entworfen, die Armani Casa Home Collection. Mit dieser wurde das Set von "Paranoia", einem Thriller mit Harrison Ford und Gary Oldman in Form von Schränken, Lampen, Sofas und Tischen ausgestattet.[109]

Dem gegenüber steht das **Creative Placement.** Hier wird das Produkt nahtlos in die Handlung integriert und erfüllt im Film einen Zweck. Beim Creative Placement wird die Handlung eines Filmes teils sogar in gewissem Maß auf den Markenartikel abgestimmt. Das Image der Marke wird hier stark vom Image der handelnden Akteure beeinflusst.

---

108 vgl. Bosselmann, 1994: S. 43

109 vgl. King, 2013: http://www.luxurydaily.com/product-placement-via-film-more-beneficial-than-brand-sponsorship/ (abgerufen am 16. Januar 2015)

Abbildung 6: Armani Casa Home Collection in „Paranoia"

Oft spielt das Produkt eine Schlüsselrolle im Film. So nutzt Keanu Reeves alias Neo in „Matrix" ein Nokia 8110 als Verbindung zwischen der echten Welt und der virtuellen Realität.[110]

In „Mission: Impossible Phantom Protokoll" dient ein Rimowa-Koffer als Objekt der Begierde, die Stabilität und schwere Zerstörbarkeit des Koffers werden mehrfach unter Beweis gestellt. In „Jurassic Park" wird eine Mercedes-Benz M-Klasse von einem T-Rex angegriffen, während die Hauptdarsteller sich darin befinden. In "Ziemlich beste Freunde", einer französischen Komödie, ist ein Maserati Quattroporte das sportliche Fahrzeug der Wahl für die beiden Protagonisten, und Arnold Schwarzenegger fährt als männlicher und muskulöser „Terminator" ein schweres Motorrad von Harley-Davidson.

On-Set Placement erzeugt in der Regel wenig dauerhafte Werbewirkungen, die sich auf die momentane Aktualisierung der Markenbekanntheit beschränken. Stärkere, unter Umständen sogar dauerhafte Beeinflussungswirkungen sind eher durch Creative Placement zu erwarten, da das hohe Integrationsniveau zu wesentlich tieferer Verarbeitung der Werbebotschaft durch die Rezipienten führt.[111]

Besonders tief integrierte Platzierungen werden auch **Branded Entertainment** genannt.[112] Das daraus resultierende besonders hohe Level an Markenintegration erhöht die Wirkung beim Rezipienten deutlich. Dabei wird zwischen zwei Kategorien unter-

---

110 vgl. Güntert, 2012: S. 80

111 vgl. Brennan et al., 1999: S. 333 f.

112 vgl. Hudson et al., 2006: S. 492

schieden, der Platzierung innerhalb eines bereits existierenden Settings oder die künst-
liche Kreation eines solchen auf die Marke abgestimmten Umfelds.[113] Branded Entertainment besteht meist aus einer Vielzahl von Maßnahmen, die eine Marke in die Nähe
von Filmen, Musik oder Kultur rücken.

Eine neue Form der Integration von Produkten in Filmen stellt das **Advertiser Founded
Programming** (AFP) dar. Hier kreieren Filmproduzent und Unternehmen gemeinsam
ein Werbekonzept und beabsichtigen damit einen positiven Imagetransfer für beide Parteien.[114] In „Skyfall" ist Sony gleichzeitig Co-Produktionsfirma und platzierendes Unternehmen. So telefoniert James Bond mit dem Smartphone Xperia T. Die Sparte Unterhaltungselektronik von Sony hat Daniel Craig für eine Kampagne für Vaio-Notebooks
und Bravia-Fernseher gebucht.[115] Nachdem James Bond in diesem Film von Martini auf
Bier von Heineken wechselte, wurden auch zahlreiche Kampagnen und Werbeaktionen
durch die Brauerei gestartet (siehe dazu Fazit zu Studie 1), darunter im Handel erhältli-
che Bond-Bierflaschen. Craig verteidigt diese Maßnahmen gegenüber kritischen Fans,
dass der Film ohne die zahlreichen Platzierungen nicht hätte finanziert werden können.[116]

Abbildung 7: Heineken Aktionspack zu „Skyfall"

---

113 vgl. ebenda

114 vgl. Kloss, 2007: S. 503

115 vgl. App, 2012: S. 18

116 vgl. Armstrong, 2013: http://www.standard.co.uk/lifestyle/esmagazine/the-great-gatsby-gamble-8619334.html (abge-
     rufen am 16. Januar 2015)

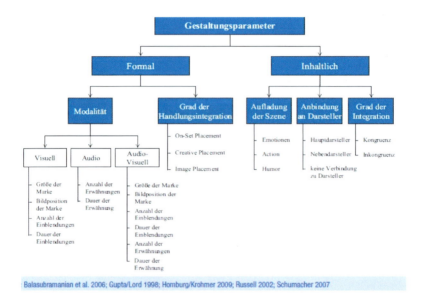

Balasubramanian et al. 2006; Gupta/Lord 1998; Homburg/Krohmer 2009; Russell 2002; Schumacher 2007

Abbildung 8: Überblick Differenzierungsmöglichkeiten

Rathmann und Enke geben in ihrer Grafik einen Überblick über die wichtigsten Gestaltungsparameter von PP. Als Fazit bleibt festzuhalten, dass mit den verschiedenen Optionen auch diverse Zielstellungen verbunden sind. Es existieren sowohl die Verwendung von nur einer Art von PP als auch die kombinierte Verwendung verschiedener PP-Formen in einem Film.

5 Wirkungsweise

Der James-Bond Film „GoldenEye" stellte in vielerlei Hinsicht einen Bruch mit alten Gewohnheiten dar. Es war Pierce Brosnans erster Auftritt als 007, der erste Film der Reihe, der nicht auf einem Roman von Ian Fleming basierte, vor allem aber war es der erste Bond-Teil, in dem der Agent nicht bevorzugt Aston Martin fuhr, stattdessen stellte nun BMW für die nächsten drei Filme die Fahrzeuge.

Zunächst kam ein Z3 zum Einsatz. Dieser wurde erst Monate nach dem Filmrelease auf den Markt gebracht, trotz der im Film fehlenden Gadgets wurde das Fahrzeug so beliebt, dass allein 9.000 Bestellungen im Monat nach Filmrelease bei BMW eintrafen. Es wird spekuliert, dass BMW mit $3 Millionen Einsatz $240 Millionen zusätzlichen Umsatz generieren konnte.[117]

In den kommenden zwei Filmen stellte BMW dem Agenten einen 750iL und einen Z8 zur Seite. Jedoch stieß diese Entscheidung auf Kritik bei britischen Fans und Gewerkschaften, der britische Nationalheld in deutschen Autos, dies passte für diese Zielgruppe nicht zusammen, schließlich fährt Bond in den Romanen nur Bentley. Neuere Teile der Filmreihe beweisen, dass mit Aston Martin, Jaguar und Land Rover wieder stark auf britische Traditionsmarken gesetzt wurde.[118]

PP wirkt über den positiven Imagetransfer zwischen Film(-figur) und beworbener Marke. Dieser Transfer kann in beide Richtungen wirken, daher ist der Fit, also die logische Zusammenwirkung von Film und Marke, äußerst wichtig. Nur wenn Authentizität und Glaubwürdigkeit vorhanden sind, können Vertrauen und Akzeptanz erhöht werden.[119]

Die Diskrepanz „britischer Agent vs. deutsche Autos" führte jedoch nur in Großbritannien zu Reaktanzen, weltweit beweist der Umsatzzuwachs, dass in anderen Teilen der Welt der Fit „eleganter sportlicher Agent fährt edlen Sportwagen" durchaus funktioniert hat.

Zunächst muss als Auslöser für kognitive Prozesse und die gewünschte Werbewirkung eine Aktivierung der Rezipienten stattfinden. Man unterscheidet tonische Aktivierung

---

117 vgl. Grey, 2013: http://www.businessinsider.com/15-worst-movie-product-placements-2013-5?op=1&IR=T (abgerufen am 16. Januar 2015)

118 vgl. Marich, 2013: S. 165

119 vgl. Meffert et al., 2015: S. 688

(grundsätzliches und dauerhaft anhaltendes Aktivierungsniveau) und phasische Aktivierung (kurzfristige Aktivierungsspitzen).[120] Da ein Film aus persönlichem Unterhaltungsinteresse angesehen wird, ist eine relativ hohe tonische Aktivierung bereits gegeben. Zusätzlich wird während des Films auch phasische Aktivierung aufgebaut, mithilfe bestimmter Szenen oder Handlungen. Jedoch sollte PP nicht in besonders spannungsgeladenen Sequenzen enthalten sein, um die kognitive Leistungsfähigkeit nicht zu überfordern und den Rezipienten von der Platzierung durch Spannung eher abzulenken. PP ist in angenehmen Umgebungen zu favorisieren, um keine negativen Emotionen und eventuelle Imageschäden hervorzurufen.[121]

Anders Granath von Propaganda GEM ist der Ansicht, dass man nicht zu marktschreierisch sein darf. Das westliche Publikum sei empfindlicher als in Russland oder Fernost, in den USA und Europa seien zwei Sekunden die absolute Obergrenze für das Präsentieren einer Marke vor der Kamera, danach könnten Reaktanzen auftreten. Es bleibt also nur kurz Zeit, um Marken bekannter zu machen oder deren Image umzupolen.[122]

John Barnard von NMG Product Placement, der an Sherlock Holmes mitgewirkt hat und Marken wie Gillette und Procter&Gamble platzierte, meint, dass bezahltes PP eine natürliche Grenze hat, zu viele Platzierungen und die Zuschauer reagieren eventuell negativ. Nur eine beschränkte und gut gesetzte Anzahl von PP kann wirklich eine Markenbotschaft glaubwürdig transportieren. PP funktioniert seiner Ansicht nach nicht für alle Produkte, am besten geeignet seien Marken mit hohem Involvement, wie Mode, Unterhaltungselektronik und Automobile. Barnard ist der Auffassung, dass Firmen nicht nur auf prozentuales Wachstum ihres PP achten sollten, sondern wie stark dieser Sektor bereits auf die Sättigung zusteuert.[123]

Als Beispiel für PP an der Grenze zur Übertreibung kann Converse im Sci-Fi-Film „I,Robot" gelten. Hier packt Hauptdarsteller Will Smith die Schuhe ausführlich aus dem Schuhkarton aus und hält sie von allen Seiten in die Kamera. Später wird er noch von seinem Chef auf seine „schicken Schuhe" angesprochen und versucht seine Mutter vom Kauf der Converse All Star Chucks zu überzeugen.

---

120 vgl. Kroeber-Riel et al., 1980: S. 66

121 vgl. Brennan et al., 1999: S. 333 f.

122 vgl. Förster, 2012: S. 80

123 vgl. Sauer, 2013: http://www.brandchannel.com/home/post/2013/04/24/Product-Placement-On-The-Rise-042413.aspx (abgerufen am 16. Januar 2015).

Abbildung 9: Converse in „I‚Robot"

Obwohl sich aufgrund des Wiedererkennungswertes bereits bekannte Marken am besten für PP eignen, kann ein Placement mit hoher Handlungsintegration laut dem Schweizer Marketingberater Pascal Schumacher einer schwach bekannten Marke zum Durchbruch verhelfen. Beispiel dafür sei Manolo Blahnik, dessen Schuhe dank einer tragenden Rolle in "Sex and the City" weltweite Bekanntheit erlangten.[124]

Auch Hugo Boss verschaffte 1985 seinen Produkten mittels PP starke Bekanntheit auf dem italienischen Markt. Hugo Boss ist in „Rocky IV" stark präsent, der von Sylvester Stallone gespielte italienischstämmige Boxer Rocky Balboa diente als perfekter Träger für einen Imagetransfer.[125]

---

[124] vgl. Güntert, 2012: S. 80

[125] vgl. Auer, 1988: S. 107

Um hingegen bekannten Marken ein positiveres Image zu verleihen, lohnt sich eher diskretes PP, um Werbebotschaften im Gedächtnis der Zuschauer zu verankern. Vor allem bei Marken, die ein negatives Image haben, ist diese Vorgehensweise zu empfehlen.[126]

PP wirkt im Gegensatz zu Fernsehspots, auch durch das Nachleben von Filmen auf Speichermedien wie DVD oder BluRay, langfristig, dies lässt sich auch am Kinofilm „E.T." aufzeigen. Gemessen am weltweiten Umsatz am Box Office zählt der Film von 1982 mit $793 Millionen immer noch zu den erfolgreichsten Kinofilmen aller Zeiten. Inflationsbereinigt liegt er nach „Titanic", „Avatar" und „Star Wars" sogar auf dem vierten Platz. Dabei entfallen mehr als $ 350 Millionen auf den nicht-amerikanischen Filmmarkt. Schätzungsweise entspricht dies einer Besucherzahl von insgesamt ca. 200 Millionen. Bedenkt man, dass der Film bis heute in Videotheken, Free- und Pay-TV sowie durch DVD-Verkäufe verbreitet wird, so kann man die mögliche Reichweite eines Kinofilms erahnen.[127] Der Film wurde später digital überarbeitet und zum 20. Jubiläum neu aufgelegt, somit konnte die Firma Hershey's auch dann noch zusätzliche Werbekontakte über ihr PP erreichen.

Auch Audi war bereits 1982 mit dem Audi 5000 in „E.T." vertreten[128], zum 100-jährigen Jubiläum 2009 zahlte Audi $10 Millionen an Paramount Pictures, um in „Iron Man" mit dem Audi R8 das Fahrzeug von Multimilliardär Tony Stark zu stellen. Obwohl 27 Jahre dazwischen liegen, wurden beide Deals über die Agentur Propaganda GEM ausgehandelt.[129]

---

126 vgl. Güntert, 2012: S. 80

127 vgl. http://www.boxofficemojo.com/movies/?id=et.htm (abgerufen am 16. Januar 2015)

128 vgl. Lazerges, 2009: S. 145

129 vgl. Armstrong, 2013: http://www.standard.co.uk/lifestyle/esmagazine/the-great-gatsby-gamble-8619334.html (abgerufen am 16. Januar 2015)

6 Rechtliche Grundlagen

6.1 Gesetzliche Bestimmungen EU / USA

Bei den gesetzlichen Regelungen ist zwischen PP in Kinofilmen und Fernsehsendungen zu unterscheiden. Da diese Arbeit sich explizit auf internationale Kinoproduktionen fokussiert, wird diesbezüglich auch nur auf die Gesetze im Fall von Kinofilmen eingegangen. Im Vergleich zu TV-Sendungen ist PP in Kinoproduktionen weit weniger reglementiert.

In Deutschland können Regisseure und Produzenten völlig frei entscheiden, ob und mit welchen Marken sie in während der Dreharbeiten zusammenarbeiten wollen, um Markenprodukte zu platzieren. Der Rundfunkstaatsvertrag, welcher die Vorgaben der EU-Richtlinie 2007/65/EG umsetzt, sagt hierzu aus: „[...] In Kinofilmen, Filmen, Serien, Sportsendungen und in leichteren Unterhaltungssendungen ist Product Placement grundsätzlich gestattet [...]."[130]

In der Europäischen Union ist PP auch gegen Entgelt seit 19. Dezember 2007 in der EU-Richtlinie zu audiovisuellen Medien gesetzlich geregelt und erlaubt, ausgenommen sind Dokumentarfilme. Ein absolutes Verbot gilt nach wie vor für Tabakwaren und verschreibungspflichtige Arzneimittel, Tabakmarken und Medikamente dürfen nicht mittels PP beworben werden.[131] Produzent und Regisseur sind davon abgesehen frei zu entscheiden, in welchem Rahmen sie mit Vertretern der werbetreibenden Industrie zusammenarbeiten.

Bereits 1990 wurde der Film „Feuer, Eis & Dynamit" von Willy Bogner zum Präzedenzfall. Damals wurde festgelegt, dass unter der Voraussetzung, dass eine Kennzeichnung im Vor- bzw. Nachspann erfolgt, gesponsert werden darf.[132]

In Australien gelten ähnliche Regeln wie in der EU hinsichtlich Tabakprodukten.[133]

---

130 vgl. Renner, 2015: http://medienrecht-blog.com/a-z/product-placement-2/ (abgerufen am 16. Januar 2015)

131 vgl. Schneider, 2013: S. 335

132 vgl. Auer et al., 1993: S. 32

133 vgl. www.artslaw.com.au/info-sheets/info-sheet/using-brands-and-products-in-film/ (abgerufen am 16. Januar 2015)

In den USA ist PP ebenfalls legal, es existieren allerdings keinerlei Einschränkungen. Ein Filmstudio benötigt keine Erlaubnis des Herstellers, Marken oder Produkte in ihre Filme einzubinden.[134] Die Promotion Marketing Association of America (PMAA) ist eine Lobbyorganisation zur Förderung von Sponsoring und PP in Filmen.

6.2 Abgrenzung zur Schleichwerbung

Der Begriff der Schleichwerbung stammt vor allem aus der Fernsehbranche. Hormuth sieht den Unterschied zwischen PP und Schleichwerbung in der Notwendigkeit als Requisite. Seiner Ansicht nach ist also unnötiges Einbringen von Produkten in eine Fernsehproduktion Schleichwerbung, wenn die dramaturgische Notwendigkeit nicht ersichtlich ist.[135] Häufig wird Schleichwerbung auch als eine erschlichene, unbezahlte Medialeistung umschrieben. Fälschlicherweise wird in der Praxis oft der Begriff der Schleichwerbung für PP verwendet. Dafür spricht, dass der Zuschauer tatsächlich oft nicht den werbenden Hintergrund des PP erkennt, was wie oben beschrieben Reaktanzen vermeiden soll. Da aber vertragliche Vereinbarungen zwischen Filmproduzent und werbendem Unternehmen existieren, kann die Platzierung nicht als erschlichen gelten. Nach §2 Nr. 8 des Rundfunkstaatsvertrags (RStV) wird Schleichwerbung als *„die Erwähnung oder Darstellung von Waren [...] in Sendungen, wenn sie vom Veranstalter absichtlich zu Werbezwecken vorgesehen ist und mangels Kennzeichnung die Allgemeinheit hinsichtlich des eigentlichen Zweckes dieser Erwähnung oder Darstellung irreführen kann"*. Dagegen ist Produktplatzierung (§2 Nr. 11 RStV) *„[...] die gekennzeichnete Erwähnung oder Darstellung von Waren, [...] in Sendungen gegen Entgelt oder eine ähnliche Gegenleistung mit dem Ziel der Absatzförderung."*[136]

Auer grenzt Schleichwerbung von PP ab, indem er Schleichwerbung als aufdringliche und störende Form der Botschaft, bei der häufig nur das Produkt genannt und nicht in Aktion gezeigt wird, betrachtet. Bei PP seien die Produkte dagegen als Requisiten in die Handlung integriert.[137] Die Verwendung eines Produktes bei PP wird durch Verträge geregelt, Schleichwerbung kann unabsichtlich erfolgen oder absichtlich stattfinden und ist nicht mit dem Medienpartner abgesprochen.[138]

---

134 vgl. Braam, 2007: http://www.ecta.org/IMG/pdf/Braam_PP.pdf (abgerufen am 16. Januar 2015)

135 vgl. Hormuth, 1993: S. 71

136 vgl. http://www.die-medienanstalten.de/fileadmin/Download/Rechtsgrundlagen/Gesetze_aktuell/15_RStV_01-01-2013.pdf

137 vgl. Auer, 1988: S. 53 f.

138 vgl. Schumacher, 2007: S. 43 f.

II Empirischer Teil

7 Pilotstudien

Eines der Ziele der vorliegenden Arbeit ist die Durchführung von verschiedenen Pilotstudien, um Erkenntnisse zum Thema Product Placement (PP) zu gewinnen.

Hierzu wurden drei unterschiedliche Vorgehensweisen gewählt, um eine möglichst
große Bandbreite an Input zu erhalten.

7.1 Vorgehensweise

Pilotstudie 1: Wahrnehmung von PP in einer studentischen Stichprobe

In dieser Studie wurden mittels schriftlicher Befragung einer anfallenden studentischen
Stichprobe Einstellungen und Meinungen von Studenten zum Thema PP untersucht.
Mithilfe eines selbst generierten Fragebogens sollte anhand von offenen und geschlossenen Fragen ermittelt werden, in welchem Ausmaß PP wahrgenommen wird, welche
Formen des PP am häufigsten (oder auch gar nicht) akzeptiert werden, welche Branchen und Firmen PP nach Meinung der Befragten am intensivsten nutzen und auch, wie
sich PP im Laufe der Zeit entwickelt hat bzw. ob die potenziellen Kinobesucher und
Filmkonsumenten mit dieser Entwicklung einverstanden sind. Abschließend sollte erforscht werden, wie der Anteil der Einnahmen durch PP am Gesamtbudget einer internationalen Kinoproduktion eingeschätzt wird.

Die Studie wurde vom Verfasser an der Universität Leipzig unter Studenten durchgeführt.

Pilotstudie 2: Wahrnehmung von PP in einer Online-Befragung

In dieser Studie wurden mittels Online-Fragebogen (erstellt mit Hilfe des Online-Tools
„SurveyMonkey") an einer Stichprobe ebenfalls Einstellungen und Meinungen zum Thema PP untersucht. Der Fragebogen wurde hierbei nur leicht modifiziert, um online
durchführbar zu sein und die Zahl der Umfrageabbrüche gering zu halten, die erfah-
rungsgemäß bei einer unpersönlichen digitalen Umfrage wahrscheinlicher sind als bei

einer persönlichen Befragung der Probanden. Mittels dieser Anordnung wird eine Kreuzvalidierung der Untersuchungsergebnisse möglich. Es können auch differenzielle Besonderheiten der studentischen Stichprobe an der Universität Leipzig aus Pilotstudie 1 besser herausgearbeitet werden.

Pilotstudie 3: Befragung von Medienvertretern über PP

In dieser Studie sollte unter Verwendung der Methode des halbstandardisierten Interviews eine kleine Zahl von Filmschaffenden und Medienvertretern befragt werden, wie diese gegenwärtig die Praxis des PP in nationalen und internationalen Filmproduktionen beurteilen. Auch das mögliche Auftreten von signifikanten Unterschieden in den Einstellungen gegenüber verschiedenen Praktiken des PP im Vergleich zur studentischen Stichprobe sollte aufgezeigt werden. Gegebenenfalls sollten die halbstandardisierten Interviews auch telefonisch durchgeführt werden können. Diese Form der Untersuchung ist eine sogenannte Expertenbefragung, bei der alle Teilnehmer der Studie aus dem Bereich der Film- und Medienproduktion stammen und somit als Fachleute angesehen werden können.

7.2 Pilotstudie 1

In der ersten Studie der vorliegenden Arbeit wurde in einer Stichprobe von Laien, d.h. Personen, die in der Regel nichts mit Werbung, Marketing oder PP in ihrer alltäglichen Tätigkeit zu tun haben, untersucht, wie PP wahrgenommen und eingeschätzt wird. Aus marketing- und medientheoretischer Sicht sollte dabei geklärt werden, in welchem Umfang PP bewusst wahrgenommen wird, welche Formen des PP akzeptiert werden und wie insgesamt PP und seine Entwicklung ethisch beurteilt werden. Dazu wird in diesem Kapitel eine Fragebogenstudie vorgestellt, die mittels offenen und geschlossenen Fragen einen Überblick zu diesen Zielen und Fragestellungen erarbeiten will. Die Grundgesamtheit bei dieser Studie waren alle Studenten der Universität Leipzig, die Stichprobengröße beträgt 106 Teilnehmer. Die Studie ist nicht repräsentativ, da es sich um eine zufällig anfallende Stichprobe handelt.

7.2.1 Zielstellungen und empirische Erwartungen

In der Studie sollten mittels schriftlicher Befragung einer studentischen Stichprobe an der Universität Leipzig Einstellungen der Studierenden zum Thema PP untersucht werden. In diesem Kapitel werden die Einzelziele und Fragestellungen der Studie beschrieben, außerdem zu diesen jeweils empirische Erwartungen formuliert. Da es sich um eine explorative Studie handelt und kein Experiment, ist es nicht möglich, Hypothesen zu formulieren, welche abgelehnt oder bestätigt werden können. Die empirischen Erwartungen sind teilweise aus der Literatur, teilweise aus Spontanangaben der Studierenden oder aus den theoretischen Grundlagen abgeleitet.

Folgende Einzelziele und Fragestellungen wurden verfolgt:

1. Wie ist die allgemeine Einstellung zu offener vs. verdeckt stattfindender Werbung? (Fragen 1 + 2)

Empirische Erwartung: Im Mittelwert zeigt sich eine bessere Einstellung zu einer offenen Werbung. Verdeckte Werbung erhält durchschnittlich auf einer 6er-Skala eine um einen Grad niedrigere Bewertung.

2. Häufigkeit der Wahrnehmung von Produktwerbung im Film (Frage 3) / Um welche Produkte handelte es sich dabei?

Empirische Erwartung: Es ist zu erwarten, dass nur bei etwa der Hälfte der untersuchten Stichprobe PP bewusst wahrgenommen wurde. Aus den freien Antworten, um welche Produkte es sich dabei gehandelt hat, sind eventuell Automarken und Genussmittel (Zigaretten / Getränke) am häufigsten wahrgenommen worden.

3. Welche internationalen Filmproduktionen enthielten nach Meinung der Untersuchten PP? (Frage 4)

Empirische Erwartung: Bei dieser Fragestellung wird erwartet, dass Hollywood-Produktionen (amerikanische Filme) am häufigsten genannt werden. Es werden weniger deutsche internationale Filme als ausländische internationale Filme genannt.

4. Wie ist die Akzeptanz von PP in Filmen bei einer Stichprobe von Studierenden? (Frage 5)

Empirische Erwartung: Es wird erwartet, dass die Akzeptanz im positiven Sinne zwischen 40 bis 50 % liegt. Darin könnte sich eine Tendenz jugendlicher Filmbetrachter ausdrücken, durch Filme nicht beeinflusst werden zu wollen und sich autonom verhalten zu können.

5. Welche Arten des PP werden am ehesten akzeptiert? (Frage 6)

Empirische Erwartung: Die empirische Erwartung bei dieser Fragestellung ist nicht eindeutig zu formulieren. Stattdessen soll bei dieser explorativen Frage das Ergebnis der Antworten der Studierenden aufzeigen, welche verschiedenen Formen von PP stärker akzeptiert werden. Die meiste Zustimmung dürften erwartungsgemäß das Generic Placement und das Country Placement erfahren. Am wenigsten Zustimmung dürften in der Stichprobe das Titelpatronat und das politische Placement finden.

6. Aus welchen Firmen oder Branchen heraus erfolgt PP am häufigsten? (Frage 7)

Empirische Erwartung: Die empirische Erwartung bei dieser Fragestellung ist nicht eindeutig zu benennen, es werden aber erwartungsgemäß Coca-Cola, andere Getränke und Automarken am häufigsten genannt.

7. Welche Einstellungen haben Studierende zur Bezahlung von PP? Finden Sie diese eher bedenklich oder nicht? (Frage 8)

Empirische Erwartung: Studierende finden die Bezahlung von PP eher bedenklich.

8. Wie nehmen Studierende die Entwicklungstendenz von PP wahr? (Frage 9)

Empirische Erwartung: Die Entwicklungstendenz von PP wird von Studierenden eher als zunehmend vermutet.

9. In welcher Häufigkeit sind Studierende PP und den darin enthaltenen Werbebotschaften schon einmal gefolgt? (Frage 10)

Empirische Erwartung: Mehr als die Hälfte der befragten Studierenden glaubt erwartungsgemäß von sich, schon Werbebotschaften in Filmen gefolgt zu sein.

10. Bevorzugen Studierende PP im Vergleich zur direkten Kinowerbung vor dem Film? (Frage 11)

Empirische Erwartung: Von den Probanden wird erwartungsgemäß ein Verhältnis wie derzeit bevorzugt. Bei dieser Frage wird vermutet, dass einige Studierende Probleme hatten, diese Frage zu beantworten. Es können auch eine höhere Anzahl von Missing

Values aufgetreten sein. Dies könnte darauf zurückzuführen sein, dass verschiedene Werbeebenen in der Frage vermischt sind.

11. Welche finanziellen Vorstellungen vom durchschnittlichen Anteil der Einnahmen durch PP am Produktionsbudget eines Films haben die Probanden? (Frage 12)

Empirische Erwartung: Bei dieser Frage wird eine deutliche Überschätzung des Anteils der Einnahmen aus dem PP an den Produktionskosten eines Kinofilms erwartet. In der Realität dürfte die Schwankungsbreite zwischen 0 und 70% der Kosten, die durch PP gedeckt werden können, liegen. Auch dürfte dieser Anteil bei verschiedenen Produktionsfirmen stark variieren. Damit ist diese Fragestellung eine explorative Fragestellung, bei der man auf das Ergebnis der Befragung warten muss.

Da es sich insgesamt um 11 Fragestellungen handelt, muss sich die Auswertung sehr stringent auf die Fragen beziehen und es sollen nur klare Ergebnisse kurz berichtet werden.

7.2.2   Methodik

7.2.2.1   Stichprobe

In dieser Studie wurde eine anfallende Stichprobe aus einer Studentenpopulation untersucht. Die Stichprobe bestand aus 106 Studierenden, davon 84% weiblich und 16% männlich. Das durchschnittliche Alter der Probanden war 25,8 Jahre (Modalwert 24). Im Durchschnitt studierten die Studierenden seit 2 Jahren. Die Hauptstudienrichtung der untersuchten Studierenden war Psychologie, was durch die Kooperation zwischen Untersucher und der Fakultät Psychologie an der Universität Leipzig bedingt war. Die untersuchten Studierenden entstammten zum Teil den Direktstudiengängen Bachelor und Master Psychologie sowie dem Seniorenstudium, welches an der Universität Leipzig im Fach Psychologie sehr beliebt ist.

7.2.2.2   Methode

Als Untersuchungsinstrument wurde auf Basis des Theorieteils ein Fragebogen konstru-
iert.[139] Innerhalb dieses Fragebogens befinden sich 7 Fragen mit einem gestuften Antwortmodell, 3 Fragen mit einem ja/nein-Antwortmodell, 3 Fragen mit einem offenen Antwortformat sowie eine Komplexfrage. Innerhalb der Komplexfrage (Nummer 6) werden
10 verschiedene Arten des PP hinsichtlich Akzeptanz mit einem ja/nein-Antwortmodell
untersucht. Zusätzlich enthält der Fragebogen einige Angaben zur Person (Geschlecht,
Alter, Studiendauer, Studienrichtung) und eine Frage danach, ob der Proband selbst
schon einmal in der Werbebranche tätig war. Der Fragebogen wurde in einem kleinen
Pretest an wenigen Personen eingesetzt, um ihn zu prüfen und herauszufinden, ob die
Fragen beantwortbar sind oder nicht. Die Entscheidung für eine schriftliche Befragung
wurde getroffen, um mit vertretbarem Aufwand zu Angaben über PP in internationalen
Filmproduktionen zu kommen. Auch die Entscheidung zur Verwendung der Stichprobe
von Studierenden erschien sinnvoll, da Studierende heute zum Teil auch im höheren
Lebensalter in Universitäten anzutreffen sind (berufsbegleitendes Studium / Seniorenstudium).

7.2.2.3   Durchführung

Die Studie wurde im November und Dezember 2014 als schriftliches Interview (Befragung) durchgeführt. Die Teilnehmer füllten den Fragebogen in Gruppen aus, ohne Zeitdruck nach kurzer Instruktion analog der Hinweise zur Studie auf dem Fragebogen. Bei
der Durchführung der Studie wurden keine Abbrüche festgestellt. Es wurden während
der Durchführung der Studie keine Fragen zum Thema gestellt bzw. zugelassen.

Die Fragebogenergebnisse wurden nach der Erhebung in eine Datentabelle des Pro-
grammpaketes SPSS (Version 22) eingegeben, wobei keine Fragebögen wegen fehlen-
der Werte exkludiert werden mussten. Nachfolgend werden in der Reihenfolge der Fragestellungen die Ergebnisse der Studie vorgestellt. Jeweils am Ende des Ergebnisses
wird in einem Aussagesatz die Bedeutung des selbigen veranschaulicht.

---

139 vgl. Anhang 1, S. XII-XV

7.2.3   Ergebnisse

1. Wie ist die allgemeine Einstellung zu offener vs. verdeckt stattfindender Werbung? (Fragen 1 + 2)

Die Fragestellung 1 sollte die Einstellungsunterschiede gegenüber offener vs. verdeckt stattfindender Werbung untersuchen, um eventuelle generelle Vorbehalte gegen indirekte Werbeformen wie Product Placement festzustellen. Die empirische Erwartung war, dass sich im Mittelwert eine bessere Einstellung zu offener Werbung zeigt, sodass verdeckte Werbung durchschnittlich auf einer 6er-Skala (1=sehr schlecht / 6=sehr gut) eine um einen Grad niedrigere Bewertung erhält.

Das Ergebnis der Befragung zeigt die Tabelle 1.

Tabelle 1: Einstellung offen vs. verdeckt

	N	Mittelwert	Standardabweichung	Standardfehler Mittelwert
Werbung offen	106	3,37	1,31	0,13
Werbung verdeckt	106	2,38	1,15	0,11

Damit kann die Hypothese als deutlich bestätigt gelten. Im Mittelwert zeigt sich eine bessere Einstellung zu einer offenen Werbung. Verdeckte Werbung erhält durchschnittlich auf einer 6er-Skala eine um einen Grad niedrigere Bewertung (2,38) als offene Werbung (3,37). Dieser Unterschied wird auch in folgender Abbildung grafisch abgebildet.

Dieses Ergebnis bedeutet, dass Studierende bereits generelle Vorbehalte gegenüber indirekten Werbeformen haben, da sie offene Werbung für Produkte bevorzugen und verdeckt stattfindende Werbung in Filmen eher als schlechter beurteilen. Dies dürfte sich im weiteren Verlauf der Studie weiter bemerkbar machen.

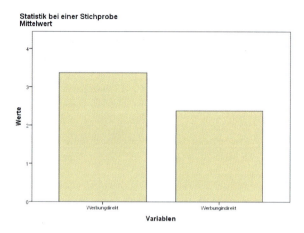

Abbildung 10: Mittelwertsunterschied zwischen Bewertung offener und verdeckter Werbung bei
Studenten (n=106)

2. Häufigkeit der Wahrnehmung von Produktwerbung im Film (Frage 3) / Um welche Produkte handelte es sich dabei?

Die Frage wurde gestellt, um herauszufinden, inwiefern die Probanden PP überhaupt bereits bewusst wahrgenommen haben. Die empirische Erwartung war, dass nur etwa der Hälfte der untersuchten Stichprobe bisher PP bemerkt hat. Aus den freien Antworten, um welche Produkte es sich dabei gehandelt hat, sollten Automarken und Genussmittel (Zigaretten / Getränke) am häufigsten wahrgenommen worden sein.

Das Ergebnis ist in Tabelle 2 zu sehen.

Tabelle 2: PP bemerkt

		Häufigkeit	Prozent	Gültige Prozent	Kumulative Prozente
Gültig	ja	62	58,5	58,5	58,5
	nein	44	41,5	41,5	100
	Gesamtsumme	106	100	100	

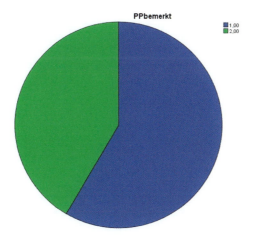

Abbildung 11: Wahrnehmung von PP (blau=ja / grün= nein)

Die Grafik in Abbildung 11 zeigt die prozentuale Verteilung von Studierenden, die PP bemerkt haben, im Gegensatz zu denen, die PP nicht wahrgenommen haben.

Die Häufigkeit der Wahrnehmung lag bei 58,2 %. Das entspricht in etwa der Erwartung und liegt leicht darüber. Das Ergebnis bedeutet, dass über die Hälfte der Betrachter von Filmen durch PP eingebettete Werbung wahrnehmen, was für eine indirekte Werbeform einen recht hohen Wert darstellt.

Die Branchen und Produktklassen, die am häufigsten wahrgenommen und genannt wurden, sind in Tabelle 3 dargestellt.[140]

---

140 vgl. Anhang 2, S. XXX f.

Die folgenden Produkte, Branchen oder Marken wurden am häufigsten genannt. Es sollten bei dieser Frage in letzter Zeit aufgefallene PP genannt werden. Am häufigsten waren dies:

1. Apple

2. Autos

3. Coca Cola

4. Getränke

5. BMW / Kleidung

Bei dieser Aufzählung der am häufigsten genannten Produktwerbungen fällt auf, dass
dabei konkrete Produkte, Markennamen und Oberkategorien von Produkten vermischt
auftreten. Dies deutet darauf hin, dass platzierte Produkte oftmals nicht direkt und produktbezogen wahrgenommen werden, sondern in der Wahrnehmung verallgemeinert
bzw. generalisiert abgespeichert und erinnert werden. Darin drücken sich sowohl gewünschte als auch unerwünschte Effekte von PP aus. Insgesamt wurden bei der Befragung von 106 Versuchsteilnehmern 53 verschiedene Markennamen, Produkte und
Oberbegriffe beworbener Produktklassen genannt. Von den n=106 Teilnehmern der
Studie gaben insgesamt 45 Teilnehmer keine Namen von Markenprodukten oder Oberbegriffe beworbener Produktklassen an. Dies entspricht einem Anteil von 42,5 % von
Personen, die sich aktuell im Rahmen einer schriftlichen Befragung an kein PP erinnern
können. Hierin drückt sich andererseits auch die Zahl über 57,5 % aus, die PP bemerken und darüber berichten können. Damit erzeugt das Werbemittel PP eine recht große
Wirkung gegenüber anderen Werbeträgern.

**3. Welche internationalen Filmproduktionen enthielten nach Meinung der Unter-
suchten PP? (Frage 4)**

Bei dieser Fragestellung wurde erwartet, dass Hollywood-Produktionen (amerikanische
Filme) am häufigsten genannt werden. Es werden weniger deutsche internationale Filme als ausländische internationale Filme genannt. Außerdem sollte festgestellt werden,
ob die Probanden nicht nur diffus die Existenz von PP bejahen, sondern konkrete Filme
nennen können, in denen ihnen dies aufgefallen ist.

Die Ergebnisse sind in Tabelle 4 zusammengefasst.[141]

---

[141] vgl. Anhang 2, S. XXXII f.

Die häufigsten Nennungen von Filmen mit PP sind britische und amerikanische Filme und (fälschlicherweise) Serien, hier sind zu nennen:

1. James Bond

2. Sex and the City und

3. Der Teufel trägt Prada

    sowie eine Serie

4. The Big Bang Theory

Insgesamt werden bei der Nennung von Filmtiteln, in denen PP erinnert wird, 42 Filmtitel und Seriennamen, vor allem britischer und amerikanischer, aber auch deutscher Produktionen genannt. Diese Verteilung lässt sich allerdings mit dem generell höheren Marktanteil und der größeren Popularität von britischen und amerikanischen Filmen und Serien bei der untersuchten Grundgesamtheit erklären und ist nicht zwingend ein Hinweis auf die insgesamt deutlich höhere Anwendung von PP in englischsprachigen Medien. Es werden dabei nicht nur aktuelle Filme erwähnt, sondern auch solche, die in ihrem Entstehungszeitraum weiter zurückliegen. Genauer wurde dies allerdings nicht erfragt.

Interessant ist hierbei, dass an deutlich erster Stelle James Bond steht, es werden dieser Filmreihe die höchste Anzahl an PP zugeschrieben. Unter den genannten Filmtiteln befindet sich auch ein Titel, der als PP-Format das Titelpatronat benutzt („ Der Teufel trägt Prada"). 59 Probanden und damit 55,7 % konnten allerdings gar keinen konkreten Filmtitel nennen.

4. Wie ist die Akzeptanz von PP in Filmen bei einer Stichprobe von Studierenden? (Frage 5)

Es wurde erwartet, dass die Akzeptanz im positiven Sinne nur zwischen 40 und 50 % liegt. Darin könnte sich eine Tendenz jugendlicher Filmbetrachter ausdrücken, durch Filme nicht beeinflusst werden zu wollen und sich autonom verhalten zu können, außerdem sollte hier der Faktor der generell geringeren Akzeptanz von indirekter Werbung, die bei Frage 1 und 2 festgestellt wurde, eine Rolle spielen.

Das Ergebnis wird in Tabelle 5 und Abbildung 12 dargestellt.

Tabelle 5: Akzeptanz PP allgemein

	Häufigkeit	Prozent	Gültige Prozent	Kumulative Prozente
Gültig ja	63	59,4	59,4	59,4
_____ nein	43	40,6	40,6	100
_____ Gesamtsumme	106	100	100	

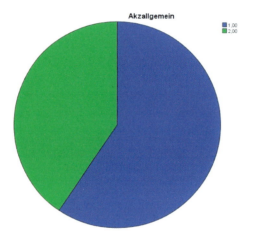

Abbildung 12: Allgemeine Akzeptanz von PP (blau=ja / grün= nein)

Mit 59,4 % genereller Akzeptanz von PP, also deutlich über der Hälfte der Befragten, wurden die Erwartung, dass eine Mehrheit PP ablehnt, nicht erfüllt. Dies widerspricht also der Annahme, dass eine Tendenz existiert, wonach jugendliche Filmbetrachter durch Filme nicht beeinflusst werden wollen. Das Ergebnis steht ebenfalls im Wider-spruch zu Frage 1 und 2, in denen eine generell geringere Akzeptanz von indirekter Werbung festgestellt wurde. Vermutlich nehmen viele Probanden PP nicht als eine indi-rekte oder versteckte Werbeform dar, wenn sie sofort PP bemerken und erkennen. In der nächsten Frage wurde allerdings erforscht, ob die Akzeptanz von PP von der Art und Weise der Platzierung abhängt.

5. Welche Arten des PP werden am ehesten akzeptiert? (Frage 6)

Die empirische Erwartung bei dieser Fragestellung war nicht eindeutig zu formulieren. Stattdessen sollte bei dieser explorativen Frage das Ergebnis der Antworten der Studierenden aufzeigen, welche verschiedenen Formen von PP stärker akzeptiert werden. Daraus lassen sich auch Schlussfolgerungen für die Marketing- und Medienindustrie ableiten, worauf Schwerpunkte des PP zu richten sind, da die Akzeptanz von PP von der Art der Platzierung abhängen könnte.

Das Ergebnis ist in Tabelle 6 dargestellt.

Tabelle 6: Akzeptanz Formen PP

Art des PP	Akzeptanz	Ablehnung
Verbal Placement	**48,1%** (51 Probanden)	**51,9%** (55 Probanden)
Titelpatronat	**9,4%** (19 Probanden)	**90,6%** (96 Probanden)
Corporate Placement	**51,9%** (55 Probanden)	**48,1%** (51 Probanden)
Politisches Placement	**30,2%** (32 Probanden)	**69,8%** (74 Probanden)
On-Set-Placement	**60,4%** (64 Probanden)	**39,6%** (42 Probanden)
Creative Placement	**65,1%** (69 Probanden)	**34,9%** (37 Probanden)
Generic Placement	**87,7%** (93 Probanden)	**12,3%** (13 Probanden)
Music Placement	**84,9%** (90 Probanden)	**15,1%** (16 Probanden)
Country Placement	**84%** (89 Probanden)	**16%** (17 Probanden)
Celebrity Placement	**34,9%** (37 Probanden)	**65,1%** (69 Probanden)

Die bei weitem geringste Akzeptanz erzielt wie erwartet das Titelpatronat. Mit Generic Placement, Music Placement und Country Placement ist eine sehr große Mehrheit der Probanden hingegen einverstanden.

Wie erwartet ist eine Mehrheit von fast 70 % mit politischem Placement nicht einverstanden, jedoch fiel die Ablehnung weniger hoch aus als eingeschätzt. Auch das Celebrity Placement wurde entgegen der Erwartungen abgelehnt.

Zwiegespalten sind die Befragten bei Verbal Placement und Corporate Placement (einer der am häufigsten durchgeführten PP-Maßnahme).

Insgesamt zeigt sich jedoch eine starke Differenz bei der Akzeptanz verschiedener Formen von PP. Vor allem Titelpatronate und politisches Placement sollten von Seiten der
Filmwirtschaft eher vermieden werden.

6. Aus welchen Firmen oder Branchen heraus erfolgt PP am häufigsten? (Frage 7)

Die empirische Erwartung war bei dieser Fragestellung nicht eindeutig, da es sich um
eine explorative Fragestellung handelte. Es wurden jedoch Coca-Cola, andere Getränke
und Zigaretten sowie Automarken am häufigsten vermutet. Die Ergebnisse sind in Tabelle 7 dargestellt.[142] Sie zeigt die am häufigsten erwähnten Unternehmen und Branchen, die die Methode des PP in Filmen nach Meinung der Befragten besonders oft be-
nutzen.

Die Ergebnisse zu dieser Fragestellung zeigen zuerst, dass im Vergleich zur ersten offenen Fragestellung nach erkanntem PP insgesamt eine höhere Anzahl von Firmen,
Unternehmen und Branchen genannt werden, welche die Methode der PP in Filmen
häufig anwenden. Es existierten bei dieser Frage auch weniger Untersuchungsteilneh-
mer, die keine Antworten gaben (nur 23 Teilnehmer, dies entspricht 21,7 %). Damit
konnten sich von den Untersuchten 78,3 %, also mehr als drei Viertel der Untersuchten
an konkrete Firmen, Unternehmen und Branchen erinnern, die PP betreiben. Damit wird
an dieser Stelle ebenfalls deutlich, dass in einer Population junger Menschen fast drei
Viertel der Befragten unter der Einwirkung werbender Botschaften in Filmen stehen und
diese bei Befragungen auch spontan mitteilen und erinnern können. Offensichtlich erreicht PP in Verbindung mit großen Firmen und Filmproduktionen eine hohe Resonanz-
quote in jugendlichen Populationen.

Die am häufigsten genannten Produkte, Firmen, Unternehmen und Branchen waren:

1. Autos

2. Coca-Cola / Apple

3. Tabak

4. BMW / Mercedes-Benz / Handys / Mode

5. Elektronikbranche

---

142 vgl. Anhang 2, S. XXXIV f.

In diesem Ergebnis zeigt sich wiederum, dass technische Branchen und große weltbe-
kannte Marken am häufigsten mit PP in Verbindung gebracht werden. Am häufigsten
sind es Autos, Autokonzerne und spezifische Automarken, welche PP so betreiben,
dass sie auch von Laien als in diesem Werbesegment sehr präsent betrachtet werden.
Gleichzeitig sind es aber auch Weltkonzerne bzw. Marken, die zu den umsatzstärksten
und wertvollsten der Welt gehören, z.B. Apple, welche durch PP ihre Werbebotschaften
offensichtlich erfolgreich aussenden. Die Anzahl von Firmen, Unternehmen und Branchen, die insgesamt genannt werden, beträgt 44.

**7. Welche Einstellungen haben Studierende zur Bezahlung von PP? Finden Sie
diese eher bedenklich oder nicht? (Frage 8)**

Die empirische Erwartung bestand darin, dass Studierende die Bezahlung von PP eher
bedenklich finden. Die Ergebnisse sind in Tabelle 8 und Abbildung 13 dargestellt. Auf
der verwendeten Skala stand 1 für „sehr bedenklich" und 6 für „völlig unbedenklich".

Tabelle 8: Ethische Bedenken

		Häufigkeit	Prozent	Gültige Prozent	Kumulative Prozente
Gültig	1	33	31,1	31,1	31,1
	2	31	29,2	29,2	60,4
	3	19	17,9	17,9	78,3
	4	13	12,3	12,3	90,6
	5	8	7,5	7,5	98,1
	6	2	1,9	1,9	100
	Gesamtsumme	106	100	100	

Die Probanden empfanden das Bezahlen von Filmschaffenden für das Einbinden von
PP wie erwartet weit überwiegend als ethisch sehr bedenklich. Zusammengefasst betrachten 83 von 106 Probanden, also 78,3 %, dieses Vorgehen als „sehr bedenklich",
„bedenklich" oder „eher bedenklich", nur 23 Teilnehmer (21,7 %) sahen dieses Verhalten als „völlig unbedenklich", „unbedenklich" oder „eher unbedenklich" an.

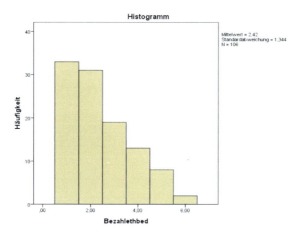

Abbildung 13: Bedenken ggü. Bezahlung von PP (1=sehr / 6= gar nicht)

Das Ergebnis bedeutet, dass in einer studentischen Population erhebliche ethische Bedenklichkeiten gegenüber bezahltem PP in Filmen bestehen. Daraus lässt sich schlussfolgern, dass zwar knapp 60 % PP generell akzeptieren, aber nur etwa 20 % keine Bedenken hinsichtlich der Bezahlung desselben haben. Eine Mehrheit akzeptiert also PP nur dann, wenn es auf unbezahlter Basis erfolgt, beispielsweise das kostenlose Verfügbarmachen von Fahrzeugen für einen Filmdreh seitens der Hersteller.

8. Wie nehmen Studierende die Entwicklungstendenz von PP wahr? (Frage 9)

Als empirische Erwartung wurde angenommen, dass Studierende die Entwicklungstendenz von PP eher als zunehmend vermuteten.

Das Ergebnis ist in Tabelle 9 und Abbildung 14 dargestellt. Auf der verwendeten Skala stand 1 für „stark abnehmend" und 6 für „stark zunehmend".

Tabelle 9: Tendenz PP

		Häufigkeit	Prozent	Gültige Prozent	Kumulative Prozente
Gültig	2	3	2,8	2,8	2,8
	3	11	10,4	10,4	13,2
	4	28	26,4	26,4	39,6
	5	32	30,2	30,2	69,8
	6	32	30,2	30,2	100
	Gesamtsumme	106	100	100	

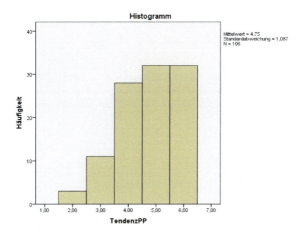

Abbildung 14: Tendenz PP (1=abnehmend / 6= zunehmend)

Das Ergebnis bedeutet, das nur 13,2 % der Befragten eine abnehmende Tendenz von PP in Filmen vermuten. 86,8 % der Befragten vermuten dagegen eine eher zunehmende Tendenz von PP in Filmen in der Zukunft. Die Probanden haben also tendenziell eine korrekte Vorstellung der tatsächlichen Entwicklung, bewerten diese jedoch – wie man aus den vorherigen Antworten ableiten kann – in der Mehrheit eher als negativ und sehen die Zunahme von PP als pessimistisch an.

9. In welcher Häufigkeit sind Studierende PP und den darin enthaltenen Werbe-botschaften schon einmal gefolgt? (Frage 10)

Die empirische Erwartung war, dass mehr als die Hälfte der befragten Studierenden von sich glauben würde, schon Werbebotschaften in Filmen gefolgt zu sein.

Das Ergebnis ist in Tabelle 10 dargestellt.

Tabelle 10: Kauf durch PP

		Häufigkeit	Prozent	Gültige Prozent	Kumulative Prozente
Gültig	ja	59	55,7	55,7	55,7
	nein	47	44,3	44,3	100
	Gesamtsumme	106	100	100	

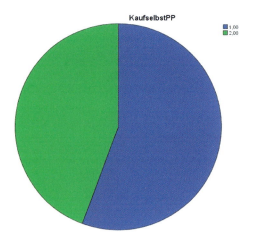

Abbildung 15: Kauf durch PP (blau=ja / grün= nein)

Das Ergebnis zu dieser Fragestellung ist auch in Abbildung 15 zu sehen. Es zeigt, dass 55, 7 %, also mehr als die Hälfte der Befragten, wie erwartet von sich annehmen, Wer-bebotschaften durch PP in Filmen schon einmal gefolgt zu sein. Dies sind allerdings nur diejenigen, die tatsächlich bewusst anerkennen, dass PP auf sie eine Wirkung hatte. Eventuell ist manchen Probanden die Wirkung von PP auf ihr Kaufverhalten nur nicht aufgefallen.

In Frage 10 ist auch eine Teilfrage enthalten, wie oft die Teilnehmer der Untersuchung von sich glauben, dass PP ihre Kaufentscheidungen beeinflusst hat. Die Angaben konnten auf einer Skala von 1 (selten) bis 6 (sehr oft) variieren. Die Annahme bestand darin, dass viele Teilnehmer „selten" angeben würden.

Die Ergebnisse sind in Tabelle 11 und Abbildung 16 dargestellt.

Tabelle 11: Häufigkeit Kauf durch PP

		Häufigkeit	Prozent	Gültige Prozent	Kumulative Prozente
Gültig	1	60	56,6	56,6	56,6
	2	27	25,5	25,5	82,1
	3	10	9,4	9,4	91,5
	4	4	3,8	3,8	95,3
	5	4	3,8	3,8	99,1
	6	1	0,9	0,9	100
	Gesamtsumme	106	100	100	

Das Ergebnis zeigt, dass 91,5 % der Probanden von sich glauben, selten auf Werbebotschaften in Filmen mit einem Kauf reagiert zu haben. 8,5 % geben an, bereits häufiger bis sehr oft einem PP im Film gefolgt zu sein. Interessanterweise sind es besonders diejenigen, die von sich glauben, häufig durch PP beeinflusst worden zu sein, die weiter vorn im Fragebogen ein außerordentlich negatives Verhältnis zum Thema PP hatten, sich von PP also gegen ihren Willen zum Kauf verführt fühlen und nicht der Meinung sind, ihr Kaufverhalten unabhängig von PP oder generell Werbung steuern zu können.

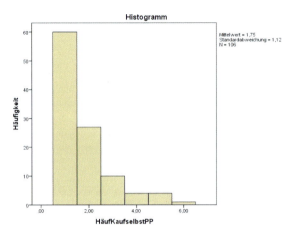

Abbildung 16: Häufigkeit Kauf durch PP

10. Bevorzugen Studierende PP im Vergleich zur direkten Kinowerbung vor dem Film? (Frage 11)

Die empirische Erwartung war, dass ein Verhältnis wie derzeit oder eine Abnahme von PP bevorzugt werden. Bei dieser Frage (Nr. 11 des Fragebogens) wurde vermutet, dass einige Studierenden Probleme hatten, diese Frage zu beantworten, da verschiedene Werbeebenen in dieser Frage vermischt sind. Es könnten auch eine höhere Anzahl von Missing Values aufgetreten sein.

Es traten jedoch bei dieser Frage keine Leer-Antworten auf. Die Teilnehmer haben sich also mit den verschiedenen Werbeebenen wie gewünscht auseinandergesetzt. Das Ergebnis der Antworten zu den Teilpräferenzen ist in Tabelle 12 dargestellt.

Tabelle 12: Präferenz Kinowerbung oder PP

		Häufigkeit	Prozent	Gültige Prozent	Kumulative Prozente
Gültig	Weniger PP	52	49,1	49,1	49,1
	gleichbleibend	45	42,5	42,5	91,5
	Mehr PP	9	8,5	8,5	100
	Gesamtsumme	106	100	100	

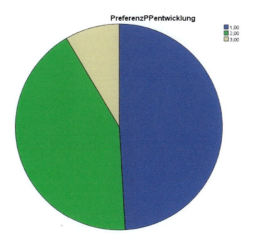

Abbildung 17: Präferenz PP-Entwicklung (blau=weniger PP / grün= gleichbleibend / braun =mehr PP)

Fast 50 % der Teilnehmer der Befragung präferieren weniger PP, 42 % bevorzugen eine Gleichverteilung zwischen Kinowerbung und PP und nur 8,5 % präferieren mehr PP im Vergleich zu Kinowerbung. Die prozentuale Verteilung ist in Abbildung 17 darge-stellt. Der Wunsch der Befragten ist also eher, PP zu reduzieren oder in aktuellen Gren-zen zu halten, nicht aber es weiter auszuweiten. Ein nicht unerheblicher Teil der Teil-nehmer betrachteten PP hierbei als „notwendiges Übel". Es wurde außerdem festge-stellt, dass viele Probanden eine Antwort gaben, die nicht vorgesehen war, nämlich „we-der noch", die also Werbung generell reduzieren wollten, ob nun PP oder Kinowerbung vor dem Film.

***11. Welche finanziellen Vorstellungen vom durchschnittlichen Anteil der Einnah-
men durch PP am Produktionsbudget eines Films haben die Probanden? (Frage
12)***

Die empirische Erwartung war bei dieser Frage, dass eine deutliche Überschätzung des
Anteils der Einnahmen aus dem PP an den Produktionskosten eines Kinofilms deutlich
würde. Da eine reale Kostenverteilung nicht als Vergleichsbasis besteht, wird eine
Überschätzung angenommen, wenn im Durchschnitt mehr als 30 % angegeben werden. Diese Annahme wird weiter unten begründet. Die Ergebnisse sind in Tabelle 13
und Abbildung 18 dargestellt.

Tabelle 13: Schätzung Anteil Einnahmen PP am Budget

		Häufigkeit	Prozent	Gültige Prozent	Kumulative Prozente
Gültig	0%	1	0,9	0,9	0,9
	10%	7	6,6	6,6	7,5
	20%	16	15,1	15,1	22,6
	30%	20	18,9	18,9	41,5
	40%	26	24,5	24,5	66,0
	50%	8	7,5	7,5	73,6
	60%	22	20,8	20,8	94,3
	70%	2	1,9	1,9	96,2
	80%	4	3,8	3,8	100
	Gesamtsumme	106	100	100	

Was besagt diese Verteilung der Schätzgrößen des PP-Anteils an den Produktionskosten? Die empirische Erwartung, wie oben präzisiert, kann als bestätigt angesehen werden. 58,5 % der Befragten überschätzen die PP-Finanzierungsanteile an der Gesamtfinanzierung eines Filmes als über 30 % liegend. Nur 41,5 % der Befragten glauben, das
nur maximal 30 % der Filmkosten über PP gedeckt werden können. Diese Überschätzung könnte daher kommen, dass sich vor allem an Extrembeispiele erinnert wird, der
Durchschnitt jedoch auch viele Filme mit wenig oder keinem PP beinhaltet, was sich
viele Probanden nicht vergegenwärtigt haben könnten.

In der Realität dürfte die Schwankungsbreite zwischen 0 und fast 100% der Kosten liegen, die durch PP gedeckt werden können. Auch dürfte dieser Anteil bei verschiedenen Produktionsfirmen stark variieren.

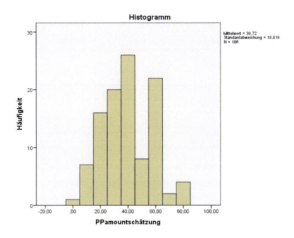

Abbildung 18: Schätzung Anteil Einnahmen PP am Budget

Als Anhaltspunkt für den Anteil der Einnahmen durch PP am Filmbudget kann der neueste Teil der James-Bond-Filmreihe - „Skyfall" (2012) - gelten, für den allein das Brauunternehmen Heineken eine Summe von 45 Mio. US$ an „Lizenzgebühren" gezahlt haben soll.[143] Diese wurden allerdings nicht nur für reine Produktplatzierung im Film kalkuliert, sondern auch für die Verfügbarkeit von Hauptdarsteller Daniel Craig und Bondgirl Bérénice Marlohe für Heineken-Werbedrehs im Rahmen der „Crack the Case"-Kampagne[144] (der fertige Spot lief unter anderem in Kinos direkt nach dem „Skyfall"-Trailer, um maximalen Imagetransfer zu gewährleisten)[145] sowie diverse weitere Cross Promotions wie limitierte „Skyfall"-Bierflaschen.[146] Insgesamt soll „Skyfall" durch zahlreiche Firmenpartner wie beispielsweise Sony, Omega, Land Rover und Aston Martin mehr als ein Drittel seines Produktionsbudgets eingenommen haben.[147] Rekordhalter ist weiterhin der 18. Teil der Bond-Filmreihe, „Der Morgen stirbt nie" (1997), der PP-Ein-

143 vgl. Slodczyk, 2012: S. 22

144 vgl. http://www.wk.com/campaign/crack_the_case (abgerufen am 03. Januar 2015)

145 vgl. Mortsiefer, 2012

146 vgl. Miller, 2012

147 vgl. Slodczyk, 2012: S. 22

nahmen von 100 Mio. US$ von acht Hauptpartnern erzielte, die das Budget komplett deckten.[148] Diese Extrembeispiele verdeutlichen, welchen Umfang PP tatsächlich erreichen kann. Jedoch handelt es sich bei der James-Bond-Reihe um ein Paradebeispiel für erfolgreiches Einbinden von PP in Filme. Viele Kinofilme enthalten deutlich weniger oder gar kein PP (so etwa Filme in historischen Settings), weshalb im Rahmen der Studie von einem durchschnittlichen PP-Anteil von etwas unter 30 % als Vergleichsbasis ausgegangen wurde.

7.3   Pilotstudie 2

In der zweiten Studie der vorliegenden Arbeit wurde eine Onlinebefragung zum gleichen Untersuchungsgegenstand wie in Pilotstudie 1 mit Hilfe des Umfragenportals „SurveyMonkey" durchgeführt. Die Untersuchungsstichprobe besteht aus Personen, die sich zufällig, aufgefordert durch Rundmails oder durch Hinweise auf dem Studentenserver der Hochschule Mittweida an der Untersuchung beteiligten. In der Regel sind die Teilnehmer also größtenteils Studenten, die wirtschaftswissenschaftlichen, naturwissenschaftlichen oder medienwissenschaftlichen Studiengängen zuzuordnen sind. Untersucht wurde auch in dieser Studie, wie PP wahrgenommen wird, welche Formen des PP besonders akzeptiert sind und wie PP und seine Entwicklung ethisch beurteilt werden.

Dazu wird in diesem Kapitel eine Onlinestudie vorgestellt, die einen Überblick zu diesen Zielen und Fragestellungen erarbeiten will. Die Grundgesamtheit bei dieser Studie waren Internetnutzer, die hauptsächlich aus dem studentischen Milieu stammen. Die Teilnehmer der Internetstudie wurden im Gegensatz zur ersten Studie nicht in einer gezielten Ansprache bestimmter Fachrichtungen gewonnen. Die Stichprobengröße einer Onlinestudie kann nicht vorhergesagt werden. Es werden in der Regel Beginn und Ende des Befragungszeitraums festgelegt und die erreichte Stichprobengröße ist eine Variable, welche nicht beeinflussbar ist. Die Studie ist nicht repräsentativ, da es sich um eine zufällig anfallende Stichprobe handelt.

7.3.1   Zielstellungen und empirische Erwartungen

Die vorliegende Studie benutzt den identischen Fragebogen wie Pilotstudie 1, jedoch eine andere Erhebungstechnik. Eine Kreuzvalidierung der bisherigen Ergebnisse soll so möglich gemacht werden. In der Studie sollten mittels Onlinebefragung einer anfallen-

---

148 vgl. Dirks, 2012

den Stichprobe Einstellungen zum Thema PP untersucht werden. Die empirischen Erwartungen sind teilweise aus der Literatur, teilweise aus den Ergebnissen der ersten Studie oder aus den theoretischen Grundlagen abgeleitet.

Empirische Erwartungen, die identisch zur ersten Studie sind, werden an dieser Stelle nicht erneut aufgeführt. Folgende empirische Erwartung wurde mit Hinblick auf die Ergebnisse der ersten Studie angepasst:

Wie ist die Akzeptanz von PP in Filmen bei einer Stichprobe von Studierenden? *(Frage 5)*

Empirische Erwartung: Es wurde in der ersten Studie erwartet, dass die Akzeptanz im positiven Sinne nur zwischen 40 und 50 % liegt. Allerdings zeigte sich im Ergebnis der ersten Studie eine Akzeptanzrate von fast 60 %, was deutlich über der Hälfte liegt. In der Onlinebefragung wird daher ebenfalls eine über 50 % liegende Akzeptanzrate von PP angenommen.

7.3.2 Methodik

7.3.2.1 Stichprobe

In dieser Studie wurde eine anfallende Stichprobe von Internet-Usern untersucht. Es handelt sich um eine nicht repräsentative Stichprobe. Die Teilnehmer der Studie wurden über das Versenden von Links, Mailverteiler des Studentenrats der Hochschule Mittweida sowie Weitergabe des Umfragelinks an Dritte durch Teilnehmer der Studie angesprochen. Die Befragung fand vom Dienstag, den 16.12.2014 bis Donnerstag, den 15.01.2015 statt. Die erreichte Stichprobengröße betrug 169 Personen. Die untersuchte Stichprobe bestand aus 56 % männlichen und 44 % weiblichen Probanden. Das durchschnittliche Alter der Probanden war 25 Jahre (Modalwert 25), der jüngste Teilnehmer der Studie war 18, der älteste 40 Jahre alt. Weitere Angaben zu Studienrichtung, Beruf oder sozialer Herkunft wurden nicht erfragt.

7.3.2.2 Methode

Als Untersuchungsinstrument wurde der für Pilotstudie 1 entworfene Fragebogen in eine Onlineversion umgearbeitet. Innerhalb dieses Fragebogens befinden sich 7 Fragen mit einem gestuften Antwortmodell, 3 Fragen mit einem ja/nein-Antwortmodell, 3 Fragen mit einem offenen Antwortformat sowie eine Komplexfrage. Innerhalb der Komplexfrage (Nummer 6) werden 10 verschiedene Arten des PP hinsichtlich Akzeptanz mit einem ja/nein-Antwortmodell untersucht. Zusätzlich enthält der Fragebogen einige Angaben zur Person (Geschlecht, Alter). Der Fragebogen wurde bereits im Rahmen der Pilotstudie eingesetzt, um ihn zu prüfen und herauszufinden, ob die Fragen beantwortbar sind oder nicht. Die Entscheidung für eine Onlinebefragung wurde getroffen, um eine weitere Methode zur Erkenntnisgewinnung über PP zu verwenden, um diese Ergebnisse mit der Pilotstudie 1 vergleichen zu können. Auch mit diesem methodischen Ansatz soll gezeigt werden, wie es möglich ist, mit vertretbarem Aufwand zu Angaben über PP in internationalen Filmproduktionen zu kommen. Stichprobenentscheidungen konnten ad hoc nicht getroffen werden, da Onlinebefragungen diesbezüglich nur sehr ungezielt stattfinden.

7.3.2.3 Durchführung

Die Studie wurde vom 16.12.2014 bis zum 15.01.2015 als Onlinebefragung durchgeführt. Die Teilnehmer füllten den Fragebogen ohne Zeitdruck analog der Hinweise zur Studie in der Einleitung aus. Bei der Durchführung der Studie wurden insgesamt 19 Abbrüche festgestellt.

Die Fragebogenergebnisse wurden nach der Erhebung mittels der Statistikfunktionen des gewählten Onlineportals „SurveyMonkey" ausgewertet. Nachfolgend werden in der Reihenfolge der Fragestellungen die Ergebnisse der Studie vorgestellt. Jeweils am Ende des Ergebnisses wird in einem Aussagesatz die Bedeutung des selbigen veranschaulicht.

7.3.3 Ergebnisse

1. Wie ist die allgemeine Einstellung zu offener vs. verdeckt stattfindender Werbung? (Fragen 1 + 2)

Die Fragestellung 1 sollte analog zu Pilotstudie 1 die Einstellungsunterschiede gegenüber offener vs. verdeckt stattfindender Werbung untersuchen, um auch bei der Onlinestichprobe eventuelle generelle Vorbehalte gegen indirekte Werbeformen wie Product Placement festzustellen und die so ermittelte Einstellung mit der ersten Stichprobe abzugleichen. Die empirische Erwartung war, dass sich auch bei der Onlinestudie im Mittelwert eine bessere Einstellung zu offener Werbung zeigt, sodass verdeckte Werbung durchschnittlich auf einer 6er-Skala (1=sehr schlecht / 6=sehr gut) eine um einen Grad niedrigere Bewertung erhält.

Das Ergebnis der Befragung zeigt die Tabelle 14.

Tabelle 14: Einstellung offen vs. verdeckt

	N	Mittelwert
Werbung offen	150	3,82
Werbung verdeckt	150	3,24

Damit kann die Hypothese als nicht bestätigt gelten. Im Mittelwert zeigt sich zwar eine leicht bessere Einstellung zu einer offenen Werbung. Verdeckte Werbung erhält durchschnittlich auf einer 6er-Skala eine niedrigere Bewertung (3,24) als offene Werbung (3,82). Jedoch war die Spannweite der Antworten bei der verdeckten Werbung größer, d.h. die ablehnenden Antwortmöglichkeiten wurden deutlich häufiger gewählt, jedoch auch die sehr positiven Antwortmöglichkeiten. Dieser Unterschied wird in Abbildung 19 grafisch abgebildet.

Dieses Ergebnis bedeutet, dass die Befragten der Onlinestudie im Gegensatz zur studentischen Stichprobe bei Pilotstudie 1 keine generellen Vorbehalte gegenüber indirekten Werbeformen haben, offene Werbung für Produkte nicht unbedingt immer bevorzugen und verdeckt stattfindende Werbung in Filmen nicht generell als schlechter beurteilen. Allerdings scheint PP hier stärker zu polarisieren, was sich im Mittelwert nur bedingt niederschlägt. Dies dürfte sich im weiteren Verlauf der Studie weiter bemerkbar machen.

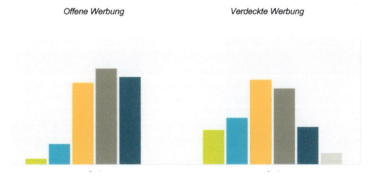

Abbildung 19: Mittelwertsunterschied zwischen Bewertung offener und verdeckter Werbung

2. Häufigkeit der Wahrnehmung von Produktwerbung im Film (Frage 3) / Um welche Produkte handelte es sich dabei?

Die Frage wurde gestellt, um herauszufinden, inwiefern die Probanden PP überhaupt bereits bewusst wahrgenommen haben. Die empirische Erwartung war auch hier, dass nur etwa der Hälfte der untersuchten Stichprobe bisher PP bemerkt hat. Aus den freien Antworten, um welche Produkte es sich dabei gehandelt hat, sollten analog zur ersten Studie Automarken und Genussmittel am häufigsten wahrgenommen worden sein.

Das Ergebnis ist in Tabelle 15 zu sehen.

Tabelle 15: PP bemerkt

		Häufigkeit	Prozent	Gültige Prozent	Kumulative Prozente
Gültig	ja	92	61,3	61,3	61,3
	nein	58	38,7	38,7	100
	Gesamtsumme	150	100	100	

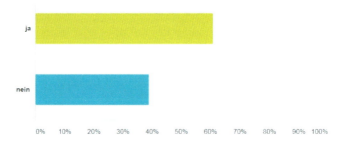

Abbildung 20: Wahrnehmung von PP

Die Grafik in Abbildung 20 zeigt die prozentuale Verteilung von Probanden, die PP bemerkt haben, im Gegensatz zu denen, die PP nicht wahrgenommen haben.

Die Häufigkeit der Wahrnehmung lag bei 61,3 %. Das entspricht nicht ganz der Erwartung, sondern liegt deutlich darüber. Das Ergebnis bedeutet, dass in der Onlinestudie fast zwei Drittel der Betrachter von Filmen mittels PP betriebene Werbung wahrnehmen, was für eine indirekte Werbeform einen hohen Wert darstellt, welcher höher als bei der schriftlichen Befragung liegt.

Die Branchen und Produktklassen, die am häufigsten wahrgenommen und genannt wurden, sind in Tabelle 16[149] dargestellt.

Die folgenden Produkte, Branchen oder Marken wurden am häufigsten genannt. Es sollten bei dieser Frage in letzter Zeit aufgefallene PP genannt werden. Am häufigsten waren dies:

1. Apple / Autos

2. Coca Cola

3. Computer / Technik

4. Handy

5. Bier

Bei der Auflistung der am häufigsten genannten Produktplatzierungen fällt auf, dass auch hier konkrete Produkte, Markennamen und Oberkategorien von Produkten ver-mischt wurden. Dies bestätigt die These aus Studie 1, dass platzierte Produkte oftmals nicht direkt und produktbezogen wahrgenommen werden, sondern in der Wahrneh-mung verallgemeinert bzw. generalisiert abgespeichert und erinnert werden. Insgesamt wurden bei der Befragung von 150 Versuchsteilnehmern 39 verschiedene Markenna-men, Produkte und Oberbegriffe beworbener Produktklassen genannt. Von Teilneh-mern der Studie gaben insgesamt 70 Teilnehmer keine Namen von Markenprodukten oder Oberbegriffe beworbener Produktklassen an. Dies entspricht einem Anteil von 46,7 % von Personen, die sich aktuell im Rahmen der Befragung an kein PP erinnern konn-ten. 53,3 % bemerkten PP und konnten darüber berichten. Dies entspricht in etwa der Verteilung aus Pilotstudie 1.

---

149 vgl. Anhang 2, S. XXXVI f.

**3. Welche internationalen Filmproduktionen enthielten nach Meinung der Unter-
suchten PP? (Frage 4)**

Bei dieser Fragestellung wurde analog zu ersten Studie erwartet, dass Hollywood-Produktionen am häufigsten genannt werden und weniger deutsche Filme als ausländische
Filme. Außerdem sollte festgestellt werden, ob auch die Online-Probanden konkrete Filme nennen können, in denen ihnen PP aufgefallen, und das Verhältnis des prozentua-
len Anteils dieser Angaben zur ersten Studie.

Die Ergebnisse sind in Tabelle 17[150] zusammengefasst.

Die häufigsten Nennungen von Filmen mit PP sind britische und amerikanische Filme
und wieder fälschlicherweise einige Serien, diese traten jedoch im Vergleich zu Pilotstudie 1 viel weniger in Erscheinung. Dies könnte darauf hinweisen, dass in der Stichprobe
der Onlinestudie eine höhere Fähigkeit der Unterscheidung zwischen Filmen und Serien
vorhanden war, was auch auf eine höhere generelle Medienkompetenz hinweisen könnte.

Als häufigste Filme sind hier zu nennen:

1. James Bond

2. Sex Tape / Transformers

3. I, Robot / Fast & Furious

4. Sex and the City / Iron Man / Cast Away / The Italian Job / The Expendables

Insgesamt werden bei der Nennung von Filmtiteln, in denen PP erinnert wird, 47 Filmtitel und Seriennamen, vor allem britischer und amerikanischer, aber auch deutscher Produktionen genannt. Im Gegensatz zur schriftlichen Befragung zeigte sich bei der schriftlichen Befragung wahrscheinlich durch weniger Zeitdruck / Ablenkung eine größere
Vielfalt erinnerter Filme mit PP. Jedoch zeigte sich bei dieser Stichprobe auch eine geringere Anzahl deutschsprachiger Filmproduktionen, bei denen PP erkannt worden ist.
Der höhere Anteil erinnerter und genannter US-Produktionen lässt sich allerdings mit
dem generell höheren Marktanteil und der größeren Popularität von britischen und amerikanischen Filmen und Serien auch bei dieser untersuchten Grundgesamtheit erklären
und ist nicht zwingend ein Hinweis auf die insgesamt deutlich höhere Anwendung von
PP in englischsprachigen Medien. Es werden dabei nicht nur aktuelle Filme erwähnt,

---

150 vgl. Anhang 2, S. XXXVIII f.

sondern auch solche, die in ihrem Entstehungszeitraum weiter zurückliegen. Besonders zeigte sich bei der Angabe von James Bond-Filmen in zusätzlichen Ergänzungen, die gemacht wurden, dass unterschiedliche Titel der Filmreihe gemeint waren.

Auch in dieser Studie zeigte sich, dass an deutlich erster Stelle James Bond steht, es werden also dieser Filmreihe auch von der Onlinestichprobe die höchste Anzahl an PP zugeschrieben. 51 % der Befragten konnten allerdings gar keinen konkreten Filmtitel nennen, dies ist jedoch ein geringerer Wert als bei der Fragebogenstudie.

4. Wie ist die Akzeptanz von PP in Filmen in einer Onlinestichprobe? (Frage 5)

Es wurde in der ersten Studie erwartet, dass die Akzeptanz im positiven Sinne nur zwischen 40 und 50 % liegt. Allerdings zeigte sich im Ergebnis der ersten Studie eine Akzeptanzrate von fast 60 %, was deutlich über der Hälfte liegt. In der Onlinebefragung wird daher ebenfalls eine über 50 % liegende Akzeptanzrate von PP angenommen. Das Ergebnis wird in Tabelle 18 und Abbildung 21 dargestellt.

Tabelle 18: Akzeptanz PP allgemein

		Häufigkeit	Prozent	Gültige Prozent	Kumulative Prozente
Gültig	ja	128	85,3	85,3	85,3
	nein	22	14,7	14.7	100
	Gesamtsumme	150	100	100	

Mit 85,3 % genereller Akzeptanz von PP, also einer sehr deutlich über vier Fünftel liegenden Akzeptanz der Befragten, wurden die Erwartung, dass eine leichte Mehrheit PP akzeptiert, enorm übertroffen. Das Ergebnis steht bei dieser Stichprobe nicht im Widerspruch zu Frage 1 und 2, in denen keine generell geringere Akzeptanz von indirekter Werbung festgestellt wurde. Es stellt sich die Frage, wieso eine derartige Abweichung von der festgestellten Akzeptanz in der Fragebogenstudie besteht. Vermutet wird ein Zusammenhang zwischen Geschlecht und Akzeptanz (in der Onlinestudie deutlich mehr männliche Befragte) oder zwischen Studienfach und Akzeptanz (Psychologiestudenten kritischer gegenüber PP als Medien-, Wirtschafts- oder Technikstudenten).

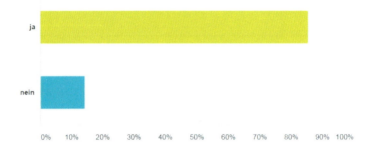

Abbildung 21: Allgemeine Akzeptanz von PP

5. Welche Arten des PP werden am ehesten akzeptiert? (Frage 6)

Die empirische Erwartung bei dieser Fragestellung kann man aus den Ergebnissen der Studie 1 formulieren. So werden wahrscheinlich das Titelpatronat, politisches Placement und Celebrity Placement abgelehnt, wohingegen Generic Placement, Music Placement und Country Placement Zustimmung finden.

Das Ergebnis ist in Tabelle 19 dargestellt.

Tabelle 19: Akzeptanz Formen PP

Art des PP	Akzeptanz	Ablehnung
Verbal Placement	56,6%	43,4%
Titelpatronat	15,7%	84,3%
Corporate Placement	80,7%	19,3%
Politisches Placement	22,9%	77,1%
On-Set-Placement	86,8%	13,2%
Creative Placement	74,7%	25,3%
Generic Placement	97,6%	2,4%
Music Placement	88%	12%
Country Placement	95,2%	4,8%
Celebrity Placement	53%	47%

Die bei weitem geringste Akzeptanz erzielt wie erwartet auch hier das Titelpatronat. Mit Generic Placement, Music Placement und Country Placement sind fast alle der Probanden hingegen einverstanden.

Im Gegensatz zur Fragebogenstudie fiel die Ablehnung gegenüber politischem Placement höher aus. Das Celebrity Placement wurde hingegen in der Onlinestichprobe nur von weniger als der Hälfte der Teilnehmer abgelehnt. In der Fragebogenstudie standen 65 % dem Celebrity Placement negativ gegenüber. Das bedeutet, dass in der hier durchgeführten Online-Studie die Akzeptanz von wirtschaftlichen Vergünstigungen aufgrund von PP bei Schauspielern und anderen personalen Werbeträgern im höherem Ausmaß akzeptiert werden.

In gleicher Weise akzeptierend wie ablehnend sind die Befragten auch in dieser Studie bei Verbal Placement, also der Nennung von Markennamen oder Produkten durch Personen und Rollen im Film.

Corporate Placement (einer der am häufigsten durchgeführten PP-Maßnahmen) wurde im Gegensatz zur ersten Studie in hohem Maße (80%) akzeptiert.

Insgesamt zeigte sich in der Antwortverteilung in der Onlinestudie eine sehr viel größere Zustimmung und Akzeptanz zu den verschiedenen Formen des PP. Es kann wie oben vermutet werden, auf welche Gründe dies zurückzuführen ist (siehe Frage 4).

Übereinstimmend zu Pilotstudie 1 zeigte sich auch hier, dass vor allem Titelpatronate und politisches Placement von Seiten der Filmwirtschaft eher vermieden werden sollten, da sie kaum Akzeptanz und Zustimmung finden.

6. Aus welchen Firmen oder Branchen heraus erfolgt PP am häufigsten? (Frage 7)

Analog zu Studie 1 wurden Apple, Coca-Cola, andere Getränke sowie Automarken am häufigsten vermutet. Die Ergebnisse sind in Tabelle 20[151] dargestellt. Sie zeigt die am häufigsten erwähnten Unternehmen und Branchen, die die Methode des PP in Filmen nach Meinung der Befragten besonders oft nutzen.

Von den Untersuchten konnten sich nur etwa 54 % an konkrete Firmen, Unternehmen und Branchen erinnern, die PP betreiben. In der Fragebogenstudie lag dieser Wert noch bei etwa 78 %. Wie an dieser Frage zu sehen ist, besitzen unterschiedliche Methoden jeweils spezifische Vor- und Nachteile, denen bei der Interpretation der Ergebnisse und Häufigkeiten der Antworten Beachtung geschenkt werden muss. So ist der Aufforderungsdruck für offene Fragen bei einer schriftlichen Befragung höher als bei einer anonymen Onlinestudie, wie man auch an der höheren Zahl derer erkennen kann, die die Befragung abbrachen. Dies sind Methodeneffekte, die in zukünftigen Studien Berücksichtigung finden könnten.

Die am häufigsten genannten Produkte, Firmen, Unternehmen und Branchen waren:

1. Autobranche

2. Apple

3. Coca Cola

4. Getränkehersteller

5. Elektronikbranche

---

151 vgl. Anhang 2, S. XL f.

In diesem Ergebnis zeigt sich auch hier, dass technische Branchen und große weltbe-
kannte Marken am häufigsten mit PP in Verbindung gebracht werden. Dies stützt die
Theorie, dass fast ausschließlich Firmen mit ohnehin hohem Bekanntheitsgrad wirksames PP durchführen können. Die Anzahl von Firmen, Unternehmen und Branchen, die
insgesamt genannt werden, beträgt 39.

**7. Welche Einstellungen haben Konsumenten zur Bezahlung von PP? Finden Sie
diese eher bedenklich oder nicht? (Frage 8)**

Die empirische Erwartung bestand darin, dass Konsumenten die Bezahlung von PP
eher bedenklich finden. Die Ergebnisse sind in Tabelle 21 dargestellt. Auf der verwendeten Skala stand 1 für „sehr bedenklich" und 6 für „völlig unbedenklich".

Tabelle 21: Ethische Bedenken

		Häufigkeit	Prozent	Gültige Prozent	Kumulative Prozente
Gültig	1	18	12	12	12
	2	24	16	16	28
	3	42	28	28	56
	4	24	16	16	72
	5	24	16	16	88
	6	18	12	12	100
	Gesamtsumme	150	100	100	

Die Probanden empfanden das Bezahlen von Filmschaffenden für das Einbinden von
PP wie erwartet eher als ethisch bedenklich. Zusammengefasst betrachten 84 von 150
Probanden, also 56 %, dieses Vorgehen als „sehr bedenklich", „bedenklich" oder „eher
bedenklich", 66 Teilnehmer (44 %) sahen dieses Verhalten als „völlig unbedenklich",
„unbedenklich" oder „eher unbedenklich" an.

Das Ergebnis bedeutet, dass in der Population der Onlinestichprobe weniger ethische
Bedenklichkeiten gegenüber bezahltem PP in Filmen als unter den Befragten der Fragebogenstudie (dort bei etwa 78%) bestehen. Daraus lässt sich schlussfolgern, dass
zwar etwa 85 % PP generell akzeptieren, aber nur etwa 43 % keine Bedenken hinsichtlich der Bezahlung desselben haben. Eine Mehrheit akzeptiert PP also auch bei dieser

Studie nur dann, wenn es auf unbezahlter Basis erfolgt. Die Fragestellung könnte jedoch auch manipulativ gewirkt haben, weshalb keine endgültigen Rückschlüsse aus
diesem Sachverhalt zu ziehen sind.

8. Wie nehmen Studierende die Entwicklungstendenz von PP wahr? (Frage 9)

Als empirische Erwartung wurde angenommen, dass die Probanden die Entwicklungstendenz von PP eher als zunehmend vermuteten.

Das Ergebnis ist in Tabelle 22 dargestellt. Auf der verwendeten Skala stand 1 für „stark
abnehmend" und 6 für „stark zunehmend".

Tabelle 22: Tendenz PP

		Häufigkeit	Prozent	Gültige Prozent	Kumulative Prozente
Gültig	1	0	0	0	0
	2	7	4,7	4,7	4,7
	3	7	4,7	4,7	9,4
	4	25	16,6	16,6	26
	5	60	40	40	66
	6	51	34	34	100
	Gesamtsumme	150	100	100	

Das Ergebnis bedeutet, das nur 9,4 % der Befragten eine abnehmende Tendenz von
PP in Filmen vermuten. 90,6 % der Befragten glauben dagegen an eine eher zunehmende Tendenz von PP in Filmen in der Zukunft. Im Vergleich zu Pilotstudie 1 wird hier
noch stärker von einer zukünftigen Zunahme von PP ausgegangen, dies jedoch nicht
mit einem pessimistischen Grundton, wie man an der allgemeinen Akzeptanz des Phänomens PP sehen kann.

**9. In welcher Häufigkeit sind die Befragten PP und den darin enthaltenen Werbe-
botschaften schon einmal gefolgt? (Frage 10)**

Die empirische Erwartung war, dass wie in der Fragebogenstudie mehr als die Hälfte
der befragten Studierenden von sich glauben würde, schon Werbebotschaften in Filmen
gefolgt zu sein.

Das Ergebnis ist in Tabelle 23 dargestellt.

Tabelle 23: Kauf durch PP

		Häufigkeit	Prozent	Gültige Prozent	Kumulative Prozente
Gültig	ja	52	34,7	34,7	34,7
	nein	98	65,3	65,3	100
	Gesamtsumme	150	100	100	

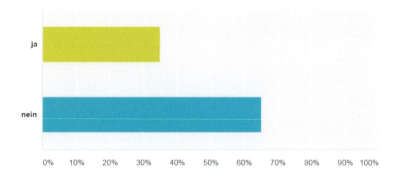

Abbildung 22: Kauf durch PP

Das Ergebnis zu dieser Fragestellung ist auch in Abbildung 22 zu sehen. Es zeigt, dass
nur 34,7 %, also etwa ein Drittel der Befragten, von sich annehmen, Werbebotschaften
durch PP in Filmen schon einmal gefolgt zu sein. Dies liegt sehr deutlich unter den Erwartungen und bildet einen signifikanten Unterschied zu Pilotstudie 1, in der über die
Hälfte der Probanden von sich glaubte, durch PP schon Produkte gekauft zu haben. Al-

lerdings sind es auch in dieser Studie nur diejenigen, die tatsächlich bewusst anerkennen, dass PP auf sie eine Wirkung hatte. Wahrscheinlich ist den meisten Probanden die
Wirkung von PP auf ihr Kaufverhalten nur nicht aufgefallen. Allerdings sind die meisten
Befragten der Meinung, ihre Kaufentscheidungen seien nicht von außen manipuliert,
was in der ersten Studie anders beschrieben wurde. Die Probanden in Pilotstudie 1 waren entweder selbstkritischer oder schrieben PP eine höhere manipulative Kraft zu.

In Frage 10 ist auch in der Onlinestudie die Teilfrage enthalten, wie oft die Teilnehmer
der Untersuchung von sich glauben, dass PP ihre Kaufentscheidungen beeinflusst hat.
Die Angaben konnten auf einer Skala von 1 (selten) bis 6 (sehr oft) variieren. Die Annahme bestand darin, dass viele Teilnehmer „selten" angeben würden.

Die Ergebnisse sind in Tabelle 24 dargestellt.

Tabelle 24: Häufigkeit Kauf durch PP

	Häufigkeit	Prozent	Gültige Prozent	Kumulative Prozente
Gültig 1	60	40	40	40
2	36	24	24	64
3	30	20	20	84
4	18	12	12	96
5	6	4	4	100
6	0	0	0	100
Gesamtsumme	150	100	100	

Das Ergebnis zeigt, dass 84 % der Probanden von sich glauben, eher selten auf Werbebotschaften in Filmen mit einem Kauf reagiert zu haben. 16 % geben an, bereits häufiger bis sehr oft einem PP im Film gefolgt zu sein. Dies sind im Verhältnis doppelt so viele wie in Studie 1.

10. Bevorzugen die Befragten PP im Vergleich zur direkten Kinowerbung vor dem Film? (Frage 11)

Die empirische Erwartung war, dass ein Verhältnis wie derzeit oder eine Abnahme von
PP bevorzugt werden. Das Ergebnis der Antworten zu den Teilpräferenzen ist in Tabelle
25 und Abbildung 23 dargestellt.

Tabelle 25: Präferenz Kinowerbung oder PP

		Häufigkeit	Prozent	Gültige Prozent	Kumulative Prozente
Gültig	Weniger PP	24	15,9	15,9	15,9
	gleichbleibend	104	69,5	69,5	85,4
	Mehr PP	22	14,6	14,6	100
	Gesamtsumme	150	100	100	

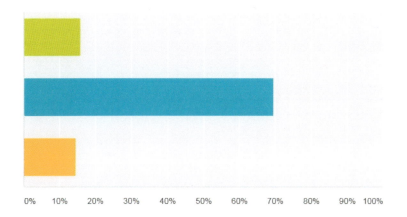

Abbildung 23: Präferenz PP-Entwicklung (grün=weniger PP / blau= gleichbleibend / orange =mehr PP)

Die Ablehnung gegenüber PP zeigt sich in der schriftlichen Studie viel deutlicher als in der Onlinestudie. Dies kann in der Wahl der Stichprobe begründet liegen (Psychologie-studenten als kritischere Konsumenten), aber auch auf die Erhebungsmethode (Internet-Anonymität) zurückzuführen sein. Der Wunsch der Befragten ist also eher, PP nicht reduzieren oder auszuweiten, sondern in aktuellen Grenzen zu halten.

11. Welche finanziellen Vorstellungen vom durchschnittlichen Anteil der Einnahmen durch PP am Produktionsbudget eines Films haben die Probanden? (Frage 12)

Die empirische Erwartung war wie in Studie 1 bei dieser Frage, dass eine deutliche Überschätzung des Anteils der Einnahmen aus dem PP an den Produktionskosten eines Kinofilms deutlich würde. Da eine reale Kostenverteilung nicht als Vergleichsbasis besteht, wird eine Überschätzung angenommen, wenn im Durchschnitt mehr als 30 % angegeben werden. Die Ergebnisse sind in Tabelle 26 und Abbildung 24 dargestellt.

Tabelle 26: Schätzung Anteil Einnahmen PP am Budget

		Häufigkeit	Prozent	Gültige Prozent	Kumulative Prozente
Gültig	0%	0	0	0	0
	10%	15	10	10	10
	20%	29	19,3	19,3	29,3
	30%	42	28	28	57,3
	40%	37	24,4	24,4	81,7
	50%	9	6,1	6,1	87,8
	60%	13	8,5	8,5	96,3
	70%	5	3,7	3,7	100
	Gesamtsumme	150	100	100	

Was besagt diese Verteilung der Schätzgrößen des PP-Anteils an den Produktionskosten? Die empirische Erwartung, wie oben präzisiert, kann als nicht bestätigt angesehen werden. Nur 42,7 % der Befragten überschätzen die PP-Finanzierungsanteile an der Gesamtfinanzierung eines Filmes als über 30 % liegend. 57,3 % der Befragten glauben, das nur maximal 30 % der Filmkosten über PP gedeckt werden können. In der Onlinestudie werden damit die PP-Kostenschätzungen realistischer bewertet als in einer Papier-und-Bleistift-Studie. Hierbei könnte es sich wieder um den Effekt der Stichprobe handeln, dass Psychologiestudenten eine sehr kritische Haltung zu PP einnehmen. Diese realistischere Schätzung könnte damit auch in der breiteren Zusammensetzung bezüglich der Studienrichtungen der untersuchten Grundgesamtheit begründet sein.

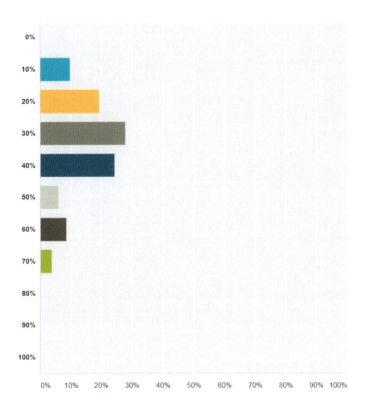

Abbildung 24: Schätzung Anteil Einnahmen PP am Budget

7.4 Pilotstudie 3

In diesem Teil der Arbeit wird die dritte empirische Teilstudie vorgestellt.

Es soll unter Verwendung der Methode des halbstandardisierten Interviews eine kleine Zahl von Filmschaffenden und Medienvertretern befragt werden, wie diese gegenwärtig die Praxis des PP in nationalen und internationalen Filmproduktionen beurteilen. In dieser Studie wird also die Sicht der Filmschaffenden untersucht und nicht die Meinung oder Einstellung von Betrachtern oder Konsumenten von Filmen. Es handelt sich also um eine Betrachtung einer völlig anderen Gruppe von Personen und ihren Einstellungen zu PP.

7.4.1 Zielstellungen und empirische Erwartungen

Die allgemeine Zielstellung dieser Pilotstudie ist es, die Einstellung zu und die Bewertung von PP aus der Sicht von Filmproduzenten zu beleuchten. Auch das mögliche Auftreten von signifikanten Unterschieden in den Einstellungen gegenüber verschiedenen Praktiken des PP im Vergleich zu den Stichproben aus Studie 1 und 2 sollte dabei mit aufgezeigt werden. Die empirischen Erwartungen dieser Expertenbefragung sind:

- Filmschaffende äußern differenziertere und zum Teil in Einzelheiten gehende Antworten auf die gestellten Fragen.

- Das Hintergrundwissen Filmschaffender zum Thema PP ist differenzierter als bei Studenten.

- Die Akzeptanz von PP generell und verschiedenen PP-Formen ist je nach befragter Person unterschiedlich, das Thema polarisiert.

- Ethische Standards und gesetzliche Regelungen werden vermutlich häufig als Gründe genannt, wenn PP kaum eingesetzt werden kann.

- In den Aussagen von Befragten ist häufig der Wunsch nach finanziellem Support bei der Umsetzung der filmischen Ideen zu bemerken. Gleichzeitig werden die bestehenden Möglichkeiten und Potenziale von PP in Deutschland als eher begrenzt eingeschätzt.

Bei diesen empirischen Erwartungen handelt es sich um Vermutungen und Annahmen, nicht um prüfbare Hypothesen. Es handelt sich eher um eine experimentelle Pilotstudie.

Die Daten der Studie bestehen im Transkript der mündlichen Antworten auf die in Anhang[152] dargestellten Fragen.

7.4.2   Methodik

7.4.2.1   Stichprobe

In dieser Studie ist es trotz verschiedener Versuche über Email, Telefon oder persönlichen Besuch von Filmproduzenten nicht gelungen, eine größere Stichprobe zu generieren. Es war am Ende des Untersuchungszeitraumes November 2014 bis Januar 2015 nicht möglich, antwortbereite nationale oder internationale Filmproduzenten in größerer Anzahl zu finden. Der Zeitpunkt der Studie könnte eine Ursache für die geringe Beteiligung an der Studie sein, aber auch der häufig hohe Stress in Filmproduktionen und wenig Auskunftsbereitschaft beim Thema PP. Die untersuchte Stichprobe besteht aus n=1 Filmschaffenden, der für Film und Fernsehen Filme herstellt. Es handelt sich um einen männlichen Filmproduzenten aus Deutschland. Die Versuchsperson n=1 stellt seit 33 Jahren Filme als freiberuflicher Filmregisseur und seit kürzerem im öffentlich-rechtlichen Bereich her.

7.4.2.2   Methode

Bei der Durchführung des halbstrukturierten Interviews verwendete der Autor einen modifizierten Fragebogen analog zur Studentenstudie. Dieser Fragebogen enthält offene und geschlossene Fragen zum Thema PP. Der Fragebogen ist im Anhang[153] dargestellt. Die halbstandardisierten Interviewfragen sollen in schriftlicher Form vorgelegt werden, können aber auch telefonisch durchgeführt und abgefragt werden. Es wird dabei berücksichtigt, dass die Arbeitszeit von Filmproduzenten sehr begrenzt ist. Diese Form der Untersuchung ist eine Expertenbefragung im Sinne einer qualitativen Forschungsmethode, bei der die Teilnehmer der Studie aus dem Bereich der Film- und Medienproduktion stammen und somit als Fachleute angesehen werden können. Bei dieser Studie handelt es sich um eine Einzelfallstudie. Das Wesen der Einzelfallstudie ist, dass mit einer Versuchsperson eine Fragestellung bearbeitet und beantwortet werden soll, bzw. dass maximal am erweiterten Einzelfall untersucht wird. Einzelfallstudien, wie die vorliegende, dienen eher der Hypothesengenerierung für weiterführende Befragungen von

---

152 vgl. Anhang 1, S. XXVI - XXIX

153 vgl. Anhang 1, S. XXVI - XXIX

Experten der Filmbranche über PP. Eine quantitative Auswertung von Einzelfallstudien ist nicht vorgesehen. Die Methode der Auswertung ist die qualitative Inhaltsanalyse.

7.4.2.3   Durchführung

Die Studie wurde begonnen, nachdem durch telefonische Interviews die Bereitschaft zur Teilnahme des Filmschaffenden eingeholt wurde. Die Wahrung der Anonymität wurde bei der Vorbesprechung zugesichert. Der Teilnehmer der Studie erhielt per Email eine schriftliche Fassung der Fragen und hatte diese per Mail, Fax oder Brief an den Untersucher zurückzusenden. Aufgrund der schriftlichen Interviewangaben wurde eine telefonische Nachbearbeitung vereinbart, in welcher Zusatzfragen zu einzelnen Antworten gegeben wurden. Die Ergebnisse der Studie werden als Transkript der schriftlichen und mündlichen Antworten im Ergebnisteil dargestellt.

7.4.3   Ergebnisse

Die schriftliche Befragung wurde am 10.1.2015 durchgeführt, die mündliche Nachbefragung am 15.1.2015. Folgende inhaltliche Angaben zum PP der VP1 sind von besonderem Interesse und verdienen in der Auswertung im Rahmen einer Inhaltsanalyse Beachtung:

Tabelle 27: Interviewantworten

Frage-Nr.	Spezifische Antwort	Inhaltliche Zusammenfassung
1	sehr gut	Präferenz offener Werbung
2	sehr schlecht	Ablehnung verdeckter Werbung
3	lange nicht beachtet

Arztfernsehserie hat Aufmerksamkeit auf das Problem gelenkt | PP häufig nicht beachtet, bis durch andere Produzenten gesetzliche Regelungen übertreten wurden, kein originäres Interesse an Verwendung von PP |

4	Autos	nur allgemeine und pauschale PP-Lösungen angegeben
5	ausgeglichen, eher international gesetzliche Regelungen	PP wird als ein Werbemedium des Auslands angesehen, in Deutschland behindern gesetzliche Regelungen PP
6	nein	PP wird in eigenen bisherigen Filmproduktionen verneint, unabsichtliches PP wird verhindert und kontrolliert
7	a) nein b) nein c) nein d) nein e) ja f) nein g) ja h) nein i) ja j) nein	Bejaht werden On-Set Placement, Generic Placement, Country Placement. Damit werden Produkte, die im Handlungsablauf normalerweise auftreten, akzeptiert. Weiterhin ist Generic Placement akzeptiert, „wer fährt braucht ein Fahrzeug". Diese unsichtbar werden zu lassen, ist realitätsfern. Country Placement wird bejaht, Regionen mit ihren Besonderheiten sollen im Film darstellbar sein
8	Autos, Sportbekleidung	nur allgemeine PP verwendende Branchen genannt

9	mittelgradig bedenklich	Wenn es hilft, den Film zu finanzieren und Gesetze eingehalten werden, ist bezahltes PP ethisch in Erwägung zu ziehen.
10	weniger	im öffentlich-rechtlichen Raum der Filmproduktion stärkere Reglementierung und damit weniger PP
11	abnehmend	für Deutschland pessimistische Zukunftsaussichten für PP formuliert
12	10%	finanzielle Erlöse durch PP werden in Deutschland als sehr gering eingeschätzt
13	nur bei neuen gesetzlichen Regelungen erhält PP einen Raum	gesetzliche Regelungen werden als einschränkend wahrgenommen, gleichzeitig schränken sie die Kreativität der Entwicklung neuer Förderansätze in der Filmproduktion ein
14	fehlende finanzielle Ausstattung von vielen nationalen Filmproduktionen, Akzeptanz von PP grundsätzlich gegeben, Cofinanzierung durch PP im Bereich Wissenschaft und Medizin denkbar	Filmproduktion ist finanziell häufig defizitär ausgestattet, bei Akzeptanz von PP ist diese besonders im Bereich Wissenschaft und Medizin vorstellbar

Zusammenfassend sind folgende Befragungsergebnisse für VP1 in narrativer Form darstellbar:

VP1 zeigt eine deutliche Präferenz für offene Werbung. Verdeckte Werbung wird hingegen abgelehnt. VP1 schildert, dass PP von ihm solange nicht beachtet wurde, bis durch andere Produzenten gesetzliche Regelungen übertreten wurden und dies personelle Konsequenzen hatte, im Detail die Platzierung von noch nicht am Markt erhältlichen, jedoch in der Erprobung befindlichen Medikamenten. Er selbst habe kein originäres Interesse an der Verwendung von PP in seinen Produktionen. Bezüglich des erinnerten PP werden nur allgemeine und pauschale PP-Lösungen angegeben. PP wird als ein Werbemedium des Auslands angesehen, in Deutschland behindern seiner Meinung nach gesetzliche Regelungen PP. Die Einbindung von PP wird in eigenen bisherigen Filmproduktionen verneint, unabsichtliches PP wird verhindert und genauestens kontrolliert. Generell akzeptiert werden On-Set Placement, Generic Placement und Country Placement. Damit werden Produkte, die im Handlungsablauf normalerweise auftreten, nicht als problematisch erachtet. Weiterhin wird Generic Placement für nötig gehalten, „wer fährt braucht ein Fahrzeug". Dieses unsichtbar werden zu lassen, sei realitätsfern. Country Placement wird bejaht, Regionen mit ihren Besonderheiten sollen im Film darstellbar sein, die Förderung des Tourismus sei ein erstrebenswertes Ziel. Dies zeigt sich auch in der Produktion mehrerer Dokumentarfilme durch den befragten Regisseur. Bezüglich der Branchen und Unternehmen, die PP verwenden, werden nur sehr allgemeine Branchen genannt. Wenn es hilft, den Film zu finanzieren und Gesetze eingehalten werden, ist bezahltes PP ethisch in Erwägung zu ziehen. Im öffentlich-rechtlichen Raum der Filmproduktion existiert eine stärkere Reglementierung und damit weniger PP. Für Deutschland hat VP1 pessimistische Zukunftsaussichten für PP aufgrund der Gesetze formuliert. Finanzielle Erlöse durch PP werden in Deutschland als sehr gering - genauer um die 10 % - eingeschätzt. Gesetzliche Regelungen werden daher als einschränkend wahrgenommen, gleichzeitig schränken sie die Kreativität der Entwicklung neuer Förderansätze in der Filmproduktion ein. Die Filmproduktion ist finanziell häufig defizitär ausgestattet, bei Akzeptanz von PP ist dieses nach Ansicht des Befragten besonders im Bereich Wissenschaft und Medizin ausbaubar.

Diese Zusammenstellung der ethischen Einschätzung und persönlichen Meinung gegenüber PP von einem deutschen Filmregisseur zeigt mehrere Tendenzen.

- In Deutschland findet PP weniger als im Ausland statt.

- Selbst bei positiver Einstellung werden nur wenige Formen von PP akzeptiert und als durchführbar erachtet.

- Die Anwender und Branchen sowie Produkte des PP können nur sehr allgemein wiedergegeben werden, was auf eine geringe Aufmerksamkeit bezüglich des Bereichs PP hinweist.

- Wissenschaft und Medizin werden als Bereiche von potenziellem PP erwähnt.

8 Schlussfolgerungen und Ausblick

8.1 Schlussfolgerungen

In diesem Abschnitt werden die wichtigsten Erkenntnisse der Literaturanalyse sowie der Pilotstudien zusammengefasst, um abschließende Schlussfolgerungen hinsichtlich der Anwendung von PP zu ziehen und die einleitenden Fragen zu beantworten.

In der Einleitung der Arbeit wurden folgende Fragen gestellt:

Was ist „Product Placement" eigentlich, welche Idee steckt dahinter?

PP, die teils bezahlte, teils auf Austauschgeschäften basierende Integration von Produkten oder Marken in Filmproduktionen ist als Teil der Kommunikationspolitik eines Unternehmens eine relativ moderne Methode zur Überbringung von Werbebotschaften auf subtilere Art und Weise als mittels klassischer Werbespots.

PP wirkt über den positiven Imagetransfer zwischen Film(-figur) und beworbener Marke, der Fit zwischen beiden Imagebildern ist unbedingt zu beachten, um eine positive Wirkung auf den Eindruck des Konsumenten von der beworbenen Marke zu unterstützen.

Welche Ziele verfolgen Unternehmen und Filmstudios damit?

Ziel ist es, die werbliche Absicht nicht vordergründig offenbar werden zu lassen, um so Reaktanzen der Rezipienten auf klassische Werbung zu umgehen.

Sowohl aus Sicht der Filmproduzenten als auch aus Sicht der platzierenden Unternehmen ergeben sich nachvollziehbare Gründe, auf PP zu setzen, um im Sinne einer Win-Win-Situation positive Effekte für beide Seiten zu generieren. Die Filmbranche verfolgt hauptsächlich das Ziel der Gewinnmaximierung durch Senkung der Produktionskosten durch PP. Die beteiligten werbenden Unternehmen erhoffen sich eine Zunahme von Umsatz und Markenimage.

In Studien wurde festgestellt, dass signifikante Zusammenhänge zwischen PP und dem Auswahlverhalten beim Kauf bestehen.

Welche Rolle spielt PP bei der Finanzierung von Kinofilmen?

Je nach Film schwanken die Zahlen zur Finanzierung von Filmproduktionen stark, es ist schwer, verlässliche Informationen zu erhalten. In Literatur und Internet widersprechen sich Angaben hierzu oft sogar. Es ist aufgrund der Analysen davon auszugehen, dass bei großen Filmproduktionen, die viele Sponsoren akquirieren können, etwa ein Drittel des Produktionsbudgets (nicht der zusätzlich ausgewiesenen Marketingkosten, die oft in gleicher Höhe anfallen) ausgeglichen werden kann. Jedoch wird der Durchschnitt durch Extrembeispiele und Ausreißer in beide Richtungen stark verfälscht. Gerade für Groß-projekte kann PP jedoch als eine tragende Säule der Filmfinanzierung angenommen werden.

Auf welche Art und Weise kann PP erfolgen, in welchen Filmgenres lohnt sich dies?

PP ist mittlerweile in vielfältiger Form möglich, sollte aber stets flankierend zu anderen Kommunikationsmaßnahmen eingesetzt werden, da es die Markenbekanntheit unbe-wusst bestätigt und aktualisiert. Es ist schwerer, unbekannte Marken mittels PP be-kannt zu machen, wenn dies beabsichtigt wird, sollten PP-Formen mit hohem Integrati-onsgrad in die Handlung gewählt werden.

PP darf nicht zu marktschreierisch sein, da dann die Reaktanzen, die umgangen wer-den sollen, umso stärker auf das Markenimage zurückschlagen können. Um bekannten Marken ein positiveres Image zu verleihen, lohnt sich eher diskretes PP, um Werbebot-schaften im Gedächtnis der Zuschauer zu verankern.

Häufig in einem Film vertreten sind dabei Waren des täglichen Bedarfs sowie Automobi-le, die aus Realitätsgründen schwer weggelassen werden können. Große Marken inves-tieren besonders viel in PP, um ihre Bekanntheit aufrecht zu erhalten. Rechtlich stehen PP kaum Regelungen entgegen, in der EU ist PP nur für Tabakprodukte und verschrei-bungspflichtige Medikamente untersagt. Lohnenswert ist PP besonders in weltweit star-tenden Großproduktionen mit vielen Millionen Zuschauern, aber auch für Filme mit einer eng umrissenen Zielgruppe, wenn diese mit der Zielgruppe der beworbenen Marke hohe Überschneidungen aufweist.

Wie reagiert die Zielgruppe, der Kinobesucher und Filmkonsument, auf diese Werbeform?

In den Pilotstudien sollte mithilfe eines selbst generierten Fragebogens ermittelt werden, in welchem Ausmaß PP wahrgenommen wird, welche Formen des PP am häufigsten (oder auch gar nicht) akzeptiert werden, welche Branchen und Firmen PP nach Meinung der Befragten am intensivsten nutzen und auch, wie sich PP im Laufe der Zeit entwickelt hat bzw. ob die potenziellen Kinobesucher und Filmkonsumenten mit dieser Entwicklung einverstanden sind. Abschließend sollte erforscht werden, wie der Anteil der Einnahmen durch PP am Gesamtbudget einer internationalen Kinoproduktion eingeschätzt wird.

Hierzu wurden zwei verschiedene Stichproben gebildet. Die erste Stichprobe beinhaltete Studenten der Psychologie, um die Einstellungen zu PP von Personen zu erfahren, die sich auch mit Themen wie der Beeinflussung von Personen außerhalb von wirtschaftlichen Interessen beschäftigen. Als Kreuzvalidierung wurde dieselbe Studie mit Studenten aus anderen Studiengängen durchgeführt, vor allem aus den Bereichen Wirtschaft, Marketing, Medien sowie Journalismus. Es sollte festgestellt werden, inwiefern sich zwischen diesen Gruppen Unterschiede ergeben.

Studierende der Psychologie (Gruppe 1) haben bereits generelle Vorbehalte gegenüber indirekten Werbeformen, da sie offene Werbung für Produkte bevorzugen und verdeckt stattfindende Werbung in Filmen eher als schlechter beurteilen. Die Befragten der anderen Studie (Gruppe 2) haben weniger generelle Vorbehalte gegenüber indirekten Werbeformen. Allerdings scheint PP bei Gruppe 2 stärker zu polarisieren, weshalb sich der Mittelwert nicht stark unterscheidet.

Gruppe 1 nahm durch PP eingebettete Werbung etwa zur Hälfte wahr, was für eine indirekte Werbeform einen recht hohen Wert darstellt. Bei Gruppe 2 lag dieser Wert bei fast zwei Drittel, diese Gruppe könnte stärker bewusst auf PP achten oder hat eine höhere Grundsensibilität gegenüber Markeneinblendungen.

Wenn Markenerinnerung abgefragt wird, fällt auf dass dabei konkrete Produkte, Markennamen und Oberkategorien von Produkten vermischt auftreten. Dies deutet darauf hin, dass platzierte Produkte oftmals nicht direkt und produktbezogen wahrgenommen werden, sondern in der Wahrnehmung verallgemeinert bzw. generalisiert abgespeichert und erinnert werden.

Automobilkonzerne, Apple und Coca-Cola waren die meistgenannten Unternehmen, die PP aus Sicht beider Gruppen besonders stark betreiben.

PP wird vor allem britischen und amerikanischen, aber auch deutschen Produktionen zugeschrieben. In allen Gruppen steht die „James Bond"-Filmreihe für exzessives PP und Paradebeispiel dieser Werbestrategie.

In Gruppe 1 liegt die generelle Akzeptanz von bei PP nur bei 59,4 %, in Gruppe 2 hingegen mit 85,3 % deutlich höher.

Obwohl einzelne Arten des PP unterschiedlich beurteilt werden, zeigte sich übereinstimmend, dass vor allem Titelpatronate und politisches Placement von Seiten der Filmwirtschaft eher vermieden werden sollten, da sie kaum Akzeptanz und Zustimmung finden.

In Gruppe 2 bestanden weniger ethische Bedenklichkeiten gegenüber bezahltem PP in Filmen als unter den Befragten der Gruppe 1. Eine Mehrheit in beiden Gruppen akzeptiert PP jedoch nur dann, wenn es auf unbezahlter Basis, also über Tauschgeschäfte und Cross Promotions erfolgt.

In beiden Gruppen vermuten etwa 90 % der Befragten, dass PP in Zukunft noch zunehmen wird.

Aus der kritischeren Gruppe 1 sind mehr als die Hälfte der Befragten der Meinung, Werbebotschaften durch PP in Filmen schon einmal gefolgt zu sein. In Gruppe 2 glaubt das nur etwa ein Drittel der Befragten.

In Gruppe 1 präferieren fast 50 % der Teilnehmer der Befragung weniger PP, 42 % bevorzugen eine Gleichverteilung zwischen Kinowerbung und PP und nur 8,5 % präferieren mehr PP im Vergleich zu Kinowerbung. Bei Gruppe 2 präferieren nur etwa 16 % der Teilnehmer weniger PP, dagegen bevorzugen 70 % der Teilnehmer eine Beibehaltung des Verhältnisses von PP in Filmen. Nur knapp 15 % der Teilnehmer wünschen sich eine Vermehrung von PP. Daraus lässt sich schließen, dass je nach Grundeinstellung der Befragten PP eher zurückgefahren oder beibehalten werden soll. In beiden Gruppen würde eine noch stärkere Ausweitung des PP jedoch auf wenig Zustimmung stoßen.

Hinsichtlich der Finanzierung durch PP wird sich vor allem an Extrembeispiele erinnert. Gruppe 2 bewertet die Umsätze durch PP realistischer als Gruppe 1, die die Einnahmen durch PP stärker überschätzt.

Wie ist PP entstanden, ist es heute noch zeitgemäß und welche Veränderungen sind in Zukunft möglich?

In den Jahrzehnten seiner Anwendung hat PP immer stärker zugenommen, es wurden neue Arten des PP entwickelt, höhere Einnahmen erzielt und eine immer stärkere Vernetzung von Filmindustrie und werbenden Unternehmen beobachtet. Inhaltlich hat sich PP weiter differenziert. Auch der Anteil wissenschaftlicher Veröffentlichungen und Untersuchungen zum Thema PP ist kontinuierlich gewachsen.

PP erhält im Gegensatz zu klassischen Werbespots durch die Heimkino-Auswertung ein Nachleben und damit eine vertiefte Bedeutung. Noch Jahrzehnte später kann so von den Effekten von PP profitiert werden.

Von Analysten wie PQ Media wird PP als eine der neuen weltweiten Schlüsselstrategien des Marketing bezeichnet, nachdem es aus seiner Nische der neuartigen Marketingtaktik herausgewachsen ist.[154] Ein Ausblick auf weitere Entwicklungen folgt im gleichnamigen Kapitel.

Ist PP bereits so weit entwickelt, dass mittlerweile Requisiten die Hauptrolle spielen?

PP hat innerhalb des Entwicklungszeitraums seine Bedeutung stark steigern können. In den meisten Fällen ist PP nach wie vor Requisite. Allerdings treten immer häufiger Platzierungen auf, deren Grad der Handlungsintegration so hoch ist, dass ihre Bedeutung über die reine Requisite hinausgeht. Je mehr PP ins Zentrum rückt, desto höher wird aber das Risiko von starken Reaktanzen von Seiten der Zuschauer. Daher spielt PP in den allermeisten Fällen noch nicht die Hauptrolle. Die platzierenden Unternehmen sind jedoch stark daran interessiert, die positiven Effekte von PP zu maximieren und dennoch die Risiken auszuschließen. Formen von PP, die in der Lage sind, diesen Spagat zu vollbringen, werden in ihrer Bedeutung noch stark ansteigen. Ein Rückgang der Bedeutung der Produktplatzierungen ist indes nicht zu erwarten.

---

154 vgl. http://www.pqmedia.com/about-press-20070314-gppf.html (abgerufen am 14. Januar 2015)

8.2 Limitierungen

Die eigene Arbeit hat in den durchgeführten Studien verschiedene Limitierungen. Selbst bei genauer Planung und ausreichender Zeit wäre es nicht möglich gewesen, die Grundgesamtheit aller Studierenden zu untersuchen. Es wurde daher eine anfallende Studentenstichprobe gewählt, die gewünschten Studienrichtungen waren dabei durch die Kooperationspartner Psychologische Fakultät der Universität Leipzig sowie Hochschule Mittweida gewährleistet. Die Studiendauer variierte dabei im normalen Bereich zwischen Bachelor- und Masterstudenten (1-5 Jahre). Es ergibt sich aufgrund der Anzahl der Studenten sowie der nicht paritätischen Auswahl der einzelnen Teilnehmergruppen eine eingeschränkte Repräsentativität.

Die eingeschränkte Repräsentativität der Fragebogenstudie bei Studenten sollte durch eine Onlinestudie verbessert werden. Jedoch zeigen auch Onlinestudien methodische Limitierungen. Währenddessen die Stichprobe einer direkten Untersuchung kontrolliert erhoben wird, ist die Onlinestudie schwerer kontrollierbar, besonders bezüglich der Personen, die sich an ihr beteiligen. Es müssen daher auch Kontrollmechanismen eingebaut werden, Teilnehmer mit spezifischen Antworttendenzen sind schwer herauszufinden, da nicht immer die Antwortprofile von Teilnehmern im Onlineportal kontrolliert werden. Gleichzeitig ist potenziell aber eine höhere Repräsentativität und Schichtung zu erreichen. Dies hängt jedoch vom Befragungszeitraum ab. Der Befragungszeitraum in der vorgelegten Studie betrug insgesamt einen Monat. Bei dieser Studie handelt es sich auch um das Aufzeigen eines zweiten methodischen Weges, um PP zu untersuchen.

Die Limitierung in der Teilstudie 3, die eine Perspektive von Filmschaffenden zum PP aufzeigen konnte, bestand vor allem im geringen Stichprobenumfang. Die Aussagen sind nicht zu verallgemeinern, haben daher nur hinweisenden Charakter, bilden aber einen guten Kontrast zu den anderen Stichproben.

Die vorliegenden drei Teilstudien sind Versuche, aktuelle Wahrnehmung von PP aus verschiedenen Perspektiven zu analysieren und zu objektivieren. Es ist nicht beabsichtigt gewesen, für Filmschaffende oder Produkthersteller zur Erhöhung der Effektivität von PP beizutragen, es war vielmehr das Ziel, im Rahmen der vorliegenden Arbeit vor allem Konsumenten von Filmen aus einer Studentenpopulation zu untersuchen, wie diese PP wahrnehmen bzw. sich deren ethische Einstellung dazu abbilden lässt.

8.3 Diskussion

An dieser Stelle soll zusammenfassend ein kurzer Überblick über Vor- und Nachteile von PP gegeben werden.

Vorteilhaft sind die Umgehung der zunehmenden Werbevermeidung von Seiten der Rezipienten bei klassischer Werbung (Zapping) und das Vermeiden einer Abwehrhaltung der Konsumenten (Reaktanz). Werberestriktionen können teilweise umgangen werden (besonders bei Alkohol). Tabakplatzierungen sind allerdings in der EU und ebenso in Australien aufgrund geltender Gesetze nicht möglich, in den USA stellt dies kein Hindernis dar. Je nach Film ist eine zielgruppengenaue Ansprache möglich, ein Imagetransfer zwischen Film und Marke wird angestrebt. PP ist im Vergleich zu anderen Werbeformen und gemessen an der sehr hohen Zahl der potenziellen Werbekontakte eine verhältnismäßig kostengünstige Variante, ein weltweites Publikum anzusprechen. PP kann bei moderater und unaufdringlicher Verwendung auch zur Realitätsnähe eines Films beitragen.

Ein Nachteil ist die geringere Kontaktintensität im Vergleich zu einem klassischen Werbespot, da die Platzierung nicht im gleichen Maße Informationen über das Produkt vermitteln kann. PP ist schwerer zu kontrollieren und erschwert die Wirkungsmessung, da PP immer nur einen Teil der Kommunikationsmaßnahmen darstellt und öfters in Verbindung mit begleitenden Kampagnen auftritt. Zwar ist PP aufgrund der Vermarktungskette eines Films sehr langlebig und kann noch viele Jahre nachwirken, allerdings ist in vielen Fällen die Möglichkeit der Wiederholung dieser Platzierung in anderen Filmen stark eingeschränkt, wobei Ausnahmen wie Apple hier die Regel bestätigen.

8.4 Ausblick

Seit 2004 werden die Brandcameo Product Placement Awards von Brandcameo verliehen, mit denen besonders gute, aber auch schlechte Produktplatzierungen ausgezeichnet werden. Anfang 2014 hieß der Gewinner Budweiser, verschiedene Produkte der Marke waren in 23 % aller Kino-Nr.1-Hits in den USA des Jahres 2013 vertreten. Damit löste Budweiser Apple als am häufigsten platzierte Marke ab. Budweiser erschien in „Texas Chainsaw 3D", „Bad Grandpa" und „Zero Dark Thirty", „Iron Man 3" und „Superman - Man of Steel" (Superman persönlich trinkt Budweiser), sogar die in einem historischen Setting angesiedelten Filme „42" und „Der Butler" beinhalteten angepasste Versionen von PP. „Star Trek: Into Darkness" nutzte gar eine Budweiser-Fabrik als Kulisse eines Raumschiffs.[155] Hier wird ersichtlich, welche Dimensionen PP in der Kommunikationsstrategie eines Unternehmens einnehmen kann. Durch geschickte Kombinationen von PP können die höchstmöglichen Umsatzsteigerungen der beworbenen Produkte erzielt werden.

PP in internationalen Filmproduktionen ist meist auf globale Marken begrenzt, da es für einen regionalen oder nationalen Hersteller nicht viel Sinn hat, in Märkten, die nicht bedient werden und in denen auch kein Markteintritt geplant ist, Imagesteigerungen zu erzielen.[156] Ein Gegenbeispiel ist „Transformers 4: Ära des Untergangs", in diesem Film wird ein Milchprodukt, Yili-Milch, platziert. Während eines Kampfs außerirdischer Riesenroboter in Hongkong findet ein Darsteller einen Kühlschrank. Er nimmt eine Packung der Yili-Milch heraus und trinkt sie genüsslich, das Logo gut sichtbar. Neben dem direkten Gewinn durch PP soll eine solche Platzierung aber auch den chinesischen Kinobesuchern schmeicheln, die das Auftauchen einheimischer Marken als Beweis für die Internationalisierung ihres Landes sehen.[157] „Transformers 4: Ära des Untergangs" sicherte sich im aufstrebenden Kinomarkt China den Rang als bisher kommerziell erfolgreichster Film noch vor „Avatar".[158] Es ist davon auszugehen, dass sich auch Produktplatzierungen weiter auf neue Märkte einstellen und stärker an neue Zielgruppen anpassen werden.

Hier kann in Zukunft sogar digitale Technik zum Einsatz kommen. In „Demolition Man" von 1993 wurden einzelne Szenen neu gedreht, um das international operierende Unternehmen Pizza Hut anstatt der US-amerikanischen Kette Taco Bell zu platzieren (beide gehörten damals zum selben Konzern PepsiCo.), heute ist es möglich, Logos und sogar Dialoge digital auszutauschen.[159]

Stacy Jones, Gründer von Hollywood Branded, platzierte BlackBerry in „Zero Dark Thirty". Er ist der Meinung, dass PP auf dem Weg dazu ist, ein Kernelement der meisten Marketingstrategien von Unternehmen zu werden.[160]

---

155 vgl. Sauer, 2014: http://www.brandchannel.com/home/post/2014/02/27/140227-2014-Brandcameo-Product-Placement-Awards.aspx (abgerufen am 16. Januar 2015)

156 vgl. Schneider, 2013: S. 336

157 vgl. Mayer-Kuckuk, 2014: http://www.handelsblatt.com/politik/international/transformers-4-wie-sich-hollywood-in-china-einschleimt-seite-all/10207018-all.html (abgerufen am 16. Januar 2015)

158 vgl. Becher, 2014: http://www.filmstarts.de/nachrichten/18486916.html (abgerufen am 16. Januar 2015)

159 vgl. http://www.schnittberichte.com/svds.php?Page=Info&ID=454 (abgerufen am 16. Januar 2015)

160 vgl. Sauer, 2014: http://www.brandchannel.com/home/post/2013/04/24/Product-Placement-On-The-Rise-042413.aspx (abgerufen am 16. Januar 2015)

In „Match Point" von Woody Allen werden Aston Martin und Mercedes-Benz noch in Dialogen als Wunschautos erwähnt. Doch mittlerweile werden Automobile viel häufiger und prominenter in die Handlung eingebaut, die Integrationstiefe wird erhöht. Für „Transformers: Ära des Untergangs" hat General Motors Fahrzeuge beigesteuert, darunter einen Chevrolet Camaro, der sich in einen Roboter verwandeln kann. Manche Szenen wurden sogar im GM Technical Center gedreht, Chefdesigner Ed Welburn hat einen kurzen Einsatz als Schauspieler.[161]

Dodge platzierte das Modell Dodge Charger mehrfach in der „Fast & Furious"-Reihe, als charakteristisches Fahrzeug von Vin Diesel und verzeichnete im gleichen Zeitraum ein Absatzplus von 18 %.[162] Das Image des rauen Rebellen übertrug sich auf das Fahrzeug, ein Phänomen, das auch schon mit Steve McQueen für den Ford Mustang funktionierte. Mustangs wurden allerdings auch in „Goldfinger" von 1964, „Nur noch 60 Sekunden" aus dem Jahr 2000 (hier zentrales Handlungsobjekt namens Eleanor) und 2014 in „Need for Speed" platziert.[163]

Johannes Knoll, Holger Schramm und Christiana Schallhorn von der Universität Würzburg untersuchen in Kooperation mit Sabrina Wynistorf von Interbrand aus Zürich in einer 2015 erscheinenden Studie namens „Good Guy vs. Bad Guy – The Influence of Parasocial Interactions with Media Characters on Brand Placement Effects" den Einfluss parasozialer Interaktionen (PSI) von Rezipienten mit Mediencharakteren in Bezug auf die Wirkung von PP. Als Fragestellung soll erforscht werden, ob eine positiv dargestellte Filmfigur andere parasoziale Interaktionen auslöst als eine negativ dargestellte, und ob Rezipienten daraufhin auch mit dem Helden, Antihelden oder gar Antagonisten assoziierte Markenplatzierungen jeweils anders wahrnehmen. Die Ergebnisse solcher Studien könnten die Einsatzmöglichkeiten von PP möglicherweise erweitern.[164]

Das Symbol für Produktplatzierungen schlechthin, James Bond, wird 2015 in „Spectre" einen neuen Dienstwagen erhalten, den Aston Martin DB10, angeblich extra für 007 entwickelt und in einer Kleinstserie (10 Stück) für die Dreharbeiten gebaut.[165] Das Lieblingsgetränk des Agenten wird ebenfalls erneut gewechselt, von Heineken zu Belvedere

---

161 vgl. Müller, 2014: S. 80

162 vgl. Sauer, 2014: http://www.brandchannel.com/home/post/2013/05/09/Dodge-Fast-And-Furious-050913.aspx (abgerufen am 16. Januar 2015)

163 vgl. Müller, 2014: S. 80

164 vgl. Knoll et al., 2015

165 vgl. http://www.astonmartin.com/en/live/news/2014/12/04/built-for-bond-aston-martin-debuts-unique-car-for-spectre (abgerufen am 16. Januar 2015)

Vodka, einem polnischen Premiumwodka, zudem werden im Zuge einer Begleitkampagne limitierte Flaschen mit 007-Logo und LED-Beleuchtung erhältlich sein.[166]

Abbildung 25: Belvedere Vodka 007

Abschließend können als Ausblick folgende Trends festgehalten werden:

- zunehmende Vernetzung zwischen werbetreibenden Unternehmen und Filmindustrie

- Internationalisierung / stärkerer Fokus auf neue Märkte

- häufigere (digitale) Anpassung von PP an verschiedene Zielmärkte

- Entwicklung besserer Möglichkeiten zur Erfolgsmessung von PP

- verschiedene Kombinationen von PP einer Marke im selben Film

- Steigerung der Integrationstiefe in die Handlung

---

166 vgl. Sauer, 2014: http://www.brandchannel.com/home/post/2014/12/16/141216-Bond-Spectre-Product-Placement.aspx (abgerufen am 16. Januar 2015)

Literaturverzeichnis

MONOGRAPHIEN:

AUER Manfred / KALWEIT Udo / NÜßLER Peter: Product placement – Die neue Kunst der geheimen Verführung. Düsseldorf, Wien, New York 1988.

AUER Manfred / DIEDERICHS Frank A.: Werbung below the line. Product Placement, Licensing, TV-Sponsoring. Landsberg am Lech 1993.

BOSSELMANN Elke: Product Placement in der Sportartikelindustrie. Frankfurt am Main 1994.

BRUHN Manfred: Sponsoring. Unternehmen als Mäzene und Sponsoren. Wiesbaden 1987.

BRUHN Manfred: Kommunikationspolitik. Systematischer Einsatz der Kommunikation für Unternehmen. 7. Aufl.. München 2013.

DONATON Scott: Madison and Vine. Why the Entertainment & Advertising Industries Must Converge to Survive. New York 2004.

GALICIAN Mary-Lou: Handbook of Product Placement in the Mass Media. New Strategies in Marketing Theory, Practice, Trends and Ethics. London 2004.

HAUFFE Hans-Karl: Product Placement Monitor 2004. Nürtingen 2004.

HORMUTH Steffen: Placement. Eine innovative Kommunikationsstrategie. München 1993.

JOHANSSON Anja: Product Placement in Film und Fernsehen. Berlin 2001.

KLOSS Ingomar: Werbung. Handbuch für Studium und Praxis. 4. Aufl.. München 2007.

KOTLER Philip / KELLER Kevin L., BLIEMEL Friedhelm: Marketing-Management. Strategien für wertschaffendes Handeln. 12. Aufl.. München 2007.

KROEBER-RIEL Werner / WEINBERG Peter / GRÖPPEL-KLEIN Andrea: Konsumentenverhalten. 4. Aufl.. München 1980.

LEHU Jean-Marc: Branded Entertainment. Product Placement & Brand Strategy in the Entertainment Business. London 2007.

MARICH Robert: Marketing to Moviegoers. A Handbook of Strategies and Tactics. 3. Aufl.. Carbondale 2013.

McCARTHY Jerome E.: Basic Marketing. A Managerial Approach. Homewood 1960.

MEFFERT Heribert / BURMANN Christoph / KIRCHGEORG Manfred: Marketing - Grundlagen marktorientierter Unternehmensführung – Konzepte, Instrumente, Praxis-beispiele. 10., überarb. Aufl.. Wiesbaden 2011.

MEFFERT Heribert / BURMANN Christoph / KIRCHGEORG Manfred: Marketing - Grundlagen marktorientierter Unternehmensführung – Konzepte, Instrumente, Praxis-beispiele. 12., überarb. und aktual. Aufl.. Wiesbaden 2015.

MÜLLER Olaf: Product Placement im öffentlich-rechtlichen Fernsehen. In der Grauzone zwischen unlauterem Wettbewerb und wichtiger Finanzierungsquelle. Frankfurt am Main, Berlin, Bern, New York, Paris, Wien 1997.

RENNHAK Carsten / NUFER Gerd: Stichwort Product Placement. In: Das neue Lexikon der Betriebswirtschaftslehre. München 2008.

SCHERER Beate: Product Placement im Fernsehprogramm als wettbewerbswidriges Handeln der Rundfunkanstalten. Baden-Baden 1990.

SCHNEIDER Willy: Operatives Marketing. München 2013.

SCHUMACHER Pascal: Effektivität von Ausgestaltungsformen des Product Placement. Wiesbaden 2007.

SEGRAVE Kerry: Product Placement in Hollywood Films - A History. Jefferson 2004.

TROMMSDORFF Volker / TEICHERT Thorsten: Konsumentenverhalten. 8. Aufl.. Stutt-gart 2011.

WEIS Hans C.: Marketing. 16., verb. und aktual. Aufl.. Herne 2012.

ZEITSCHRIFTEN:

APP Ulrike: Für Krone, Heineken und Sony. In: Werben & Verkaufen Nr. 41 (2012), S. 18-22. München 2012.

BABACAN Eylin / AKCALI Selda I. / BAYTEKIN Pelin: Product placement as a rising marketing communication activity. An assessment on television serials. In: Procedia - Social and Behavioral Sciences, Vol. 62 (2012), S. 1319-1331. Izmır 2012.

BRÉE Joël: Le placement de produits dans les films: une communication originale. In: Décisions Marketing (1996), Vol. 8, S.65-74. Rennes 1996.

BRENNAN Ian / DUBAS Khalid M. / BABIN Laurie A.: The influence of product placement type and exposure time on product-placement recognition. In: International Journal of Advertising, Nr. 3/1999, S. 323-337. London 1999.

BURMANN Christoph / KANITZ Christopher / MUZELLEC Laurent: Wie aus fiktiven reale Marken werden. In: Absatzwirtschaft, Sonderausgabe zum Marken-Award 2012, 13.03.2012, S. 102. Hamburg 2012.

CHARRY Karine M.: Product placement and the promotion of healthy food to pre-adolescents. In: International Journal of Advertising, Vol. 33, Issue 3/2014, S. 599-616. London 2014.

CONSOLI John: ANA Survey - 63% use branded entertainment. In: Brandweek, 23 March 2005. New York 2005.

FÖRSTER Uwe: Hidden Champions. In: Horizont Nr. 23, 08.06.2012, S. 22. Frankfurt 2012.

GÜNTERT Andreas: Product Placement. Das Produkt ist der Star. In: Bilanz Nr. 9, 04.05.2012, S. 80-81. Zürich 2012.

GUPTA Pola / BALASUBRAMANIAN Siva K. / KLASSEN Michael: Viewers' Evaluations of Product Placements in Movies. Public Policy Issues and Managerial Implications. In: Journal of Current Issues and Research in Advertising, Vol. 22, No. 2, S. 41-52. Knoxville 2000.

HUDSON Simon / HUDSON David: Branded Entertainment. A New Advertising Technique or Product Placement in Disguise? In: Journal of Marketing Management, Vol. 22, No. 5-6, S. 489-504. London 2006.

KARRH James A.: Brand Placement: A Review. In: Journal of Current Issues and Research in Advertising, Vol. 20, No. 2, S. 31-49. Knoxville 1998.

KNOLL Johannes / SCHRAMM Holger / SCHALLHORN Christiana / WYNISTORF Sabrina: Good Guy vs. Bad Guy. The Influence of Parasocial Interactions with Media Characters on Brand Placement Effects. In: International Journal of Advertising (2015 in press). London 2015.

LAZERGES Alexandre: Audi, une star à Hollywood. In: GQ France Aout 2009, S. 142-145. Paris 2009.

LEHU Jean-Marc / BRESSOUD Etienne: Effectiveness of brand placement: New insights about viewers In: Journal of Business Research Vol. 61 (2008), S. 1083-1090. Paris 2008.

MORTON Cynthia / FRIEDMAN Meredith: "I Saw It In The Movies". Exploring the Link Between Product Placement Beliefs and Reported Usage Behavior. In: Journal of Current Issues and Research in Advertising, Vol. 24, No. 2, S. 33-40. Knoxville 2002.

MÜLLER Fabian: Die Reifenprüfung. In: Horizont, Nr. 39, 25.09.2014, S. 80. Frankfurt am Main 2014.

NORDHIELM Christie L.: The influence of level of processing on advertising repetition effects. In: Journal of Consumer Research, Vol. 29, No. 3, S. 371-382. Chicago 2002.

OLNEY Thomas J. / HOLBROOK Morris B. / BATRAK Rajeev: Consumer Responses to Advertising. The Effects of Ad Content, Emotions and Attitude toward the Ad on Viewing Time. In: Journal of Consumer Research, Vol. 17, No. 1, S. 440-453. Chicago 1991.

RÖSSLERL Patrick / BACHER Julia: Transcultural Effects of Product Placement in Movies. In: Zeitschrift für Medienpsychologie, Vol. 14, No. 3, S. 98-108. Göttingen 2002.

SLODCZYK Katharina: Mein Name ist Brand, James Brand. In: Handelsblatt Nr. 212 (2012), S. 22. Düsseldorf 2012.

STEDELE Kay: „Hinsetzen und Film anschauen!". In: Werben & Verkaufen Nr. 26 (2013), S. 22-25. München 2013.

STEIN Jason: Automakers go Hollywood. In: Automotive News, Vol. 78, S. 42. Detroit 2004.

ONLINE:

ARMSTRONG Stephen: The Great Gatsby Gamble. Herausgegeben von: London Evening Standard. Stand: 17. Mai 2013. URL: http://www.standard.co.uk/lifestyle/esmagazine/the-great-gatsby-gamble-8619334.html (abgerufen am 16. Januar 2015).

BECHER Björn: Rekordjagd. "Transformers 4: Ära des Untergangs" ist schon jetzt der bis dato erfolgreichste Film in China. Herausgegeben von: Filmstarts.de. Stand: 8. Juli 2014. URL: http://www.filmstarts.de/nachrichten/18486916.html (abgerufen am 16. Januar 2015).

BRAAM Irene: Product Placement. Herausgegeben von: Bertelsmann AG. Stand: 1. Juni 2007. URL: http://www.ecta.org/IMG/pdf/Braam_PP.pdf (abgerufen am 16. Januar 2015).

CAMPILLO-LUNDBECK Santiago: Der Schuh des Governators. Warum Smart in "The Expendables 2" mitspielt. Herausgegeben von: Horizont. Stand: 27. August 2012. URL: http://www.horizont.net/marketing/nachrichten/-Der-Schuh-des-Governators-Warum-S-mart-in-The-Expendables-2-mitspielt-109627 (abgerufen am 16. Januar 2015).

CARR David: Financing the Hand That Slaps (or Nibbles) You. Herausgegeben von: The New York Times. Stand: 15. April 2011. URL: http://www.nytimes.com/2011/04/17/movies/selling-morgan-spurlocks-greatest-movie-e-ver-sold.html?pagewanted=all (abgerufen am 15. Januar 2015).

DE SENGER Chantal M.: Comment pousser Hollywood à voir la Suisse en rose. Herausgegeben von: Bilan.ch. Stand: 13. Dezember 2012. URL: http://www.bilan.ch/econo-mie-exclusif/comment-pousser-hollywood-voir-la-suisse-en-rose (abgerufen am 16. Januar 2015).

DIRKS Tim: Movie History – Product Placement Is Nothing New – Just Ask James Bond. In: amc blog. Stand: 30. Mai 2012. URL: http://blogs.amctv.com/movie-blog/2010/05/product-placement-in-the-movies/ (abgerufen am 03. Januar 2015).

DOLL Nikolaus: Insider bricht sein Schweigen über Blockbuster-Deals. Herausgegeben von: Die Welt. Stand: 18. November 2012. URL: http://www.welt.de/wirtschaft/artic-le111248436/Insider-bricht-sein-Schweigen-ueber-Blockbuster-Deals.html (abgerufen am 15. Januar 2015).

EDMONDSON Gail / EIDAM Michael: BMW's Mini Just Keeps Getting Mightier. Herausgegeben von: Business Week. Stand: 4. April 2004. URL: http://www.businessweek.-com/stories/2004-04-04/bmws-mini-just-keeps-getting-mightier (abgerufen am 14. Januar 2015).

ESCH Franz-Rudolf: Agenda Setting. Herausgegeben von: Gabler Wirtschaftslexikon. Stand: 16. Januar 2015. URL: http://wirtschaftslexikon.gabler.de/Definition/agenda-set-ting.html (abgerufen am 16. Januar 2015).

GREY Judith: The 15 Most Shameless Movie Product Placements Of All Time. Herausgegeben von: Business Insider. Stand: 19. Mai 2013. URL: http://www.businessinsider.-com/15-worst-movie-product-placements-2013-5?op=1&IR=T (abgerufen am 16. Januar 2015).

GRÜNWEG Tom: Als Bond BMW fuhr. Liebesgrüße aus München. Herausgegeben von: Spiegel Online. Stand: 1. November 2012. URL: http://www.spiegel.de/auto/aktuell/als-james-bond-noch-bmw-fuhr-der-trick-mit-der-fern-steuerung-a-863975.html (abgerufen am 16. Januar 2015).

INNERHOFER Judith E.: Die heimlichen Stars. Herausgegeben von: Zeit Online. Stand: 25. Juli 2013. URL: http://www.zeit.de/2013/31/product-placement-hollywood-oester-reich/komplettansicht (abgerufen am 16. Januar 2015).

KING Jen: Product placement in film more beneficial than brand sponsorship. Herausgegeben von: Luxury Daily. Stand: 16. September 2013. URL: http://www.luxurydaily.-com/product-placement-via-film-more-beneficial-than-brand-sponsorship/ (abgerufen am 16. Januar 2015).

KIRCHGEORG Manfred: Marketing. Herausgegeben von: Gabler Wirtschaftslexikon. Stand: 12. Januar 2015. URL: http://wirtschaftslexikon.gabler.de/Archiv/1286/marketing-v9.html (abgerufen am 12. Januar 2015).

LEMPERT Peter: Pastis und Absinth. Brüder wider Willen. Herausgegeben von: Forum. Stand: 16. März 2011. URL: http://archiv.magazin-forum.de/pastis-und-absinth-bruder-wider-willen/ (abgerufen am 16. Januar 2015).

MAYER-KUCKUK Finn: Wie sich Hollywood in China einschleimt. Herausgegeben von: Handelsblatt. Stand: 16. Juli 2014. URL: http://www.handelsblatt.com/politik/internatio-nal/transformers-4-wie-sich-hollywood-in-china-einschleimt-seite-all/10207018-all.html (abgerufen am 16. Januar 2015).

McKENZIE Steven: Pixar's Brave forecast to generate £120m in five years. Herausgegeben von: BBC. Stand: 9. September 2013. URL: http://www.bbc.com/news/uk-scot-land-highlands-islands-24014661 (abgerufen am 16. Januar 2015).

MILLER Mark J.: Heineken Puts a Fresh Star on Its Bottle. In: brandchannel. Stand: 09. Oktober 2012. URL: http://www.brandchannel.com/home/post/2012/10/09/Heineken-Bond-Star-Bottle-100912.aspx (abgerufen am 03. Januar 2015).

MORTSIEFER Henrik: Von James Bond zu James' Bier. In: Tagesspiegel. Stand: 28. Oktober 2012. URL: http://www.tagesspiegel.de/wirtschaft/werbung-und-film-von-james-bond-zu-jamesbier/7311844.html (abgerufen am 03. Januar 2015).

MOYE Jay: The Reel Thing. Coke's Brief-Yet-Profitable Foray into Show Business. Herausgegeben von: The Coca-Cola Company. Stand: 24. Juni 2013. URL: http://www.coca-colacompany.com/history/the-reel-thing-cokes-brief-yet-profitable-foray-into-show-business (abgerufen am 14. Januar 2015).

o. V.: Avatar. Herausgegeben von: Box Office Mojo. Stand: 14. Januar 2015. URL: http://www.boxofficemojo.com/movies/?id=avatar.htm (abgerufen am 14. Januar 2015).

o. V.: E.T. The Extra-Terrestrial. Herausgegeben von: Box Office Mojo. Stand: 16. Januar 2015. URL: http://www.boxofficemojo.com/movies/?id=et.htm (abgerufen am 16. Januar 2015).

o. V.: Using brands and products in film. Herausgegeben von: Arts Law Centre of Australia. Stand: 16. Januar 2015. URL: http://www.artslaw.com.au/info-sheets/info-sheet/using-brands-and-products-in-film/ (abgerufen am 16. Januar 2015).

o. V.: Rundfunkstaatsvertrag. Herausgegeben von: Die Medienanstalten. Stand: 1. Januar 2013 URL: http://www.die-medienanstalten.de/fileadmin/Download/Rechtsgrundlagen/Gesetze_aktuell/15_RStV_01-01-2013.pdf (abgerufen am 16. Januar 2015).

o. V.: PQ Media Market Analysis Finds Global Product Placement Spending Grew 37% in 2006. Herausgegeben von: PQ Media. Stand: 14. März 2007. URL: http://www.pq-media.com/about-press-20070314-gppf.html (abgerufen am 15. Januar 2015).

o. V.: PQ Media Global Product Placement Spending Forecast 2012-2016. Herausgegeben von: PQ Media. Stand: 4. Dezember 2012. URL: http://www.pqmedia.com/about-press-201212.html (abgerufen am 15. Januar 2015).

o. V.: Demolition Man. Herausgegeben von: Schnittberichte.com. Stand: 16. Januar 2015. URL: http://www.schnittberichte.com/svds.php?Page=Info&ID=454 (abgerufen am 16. Januar 2015).

o. V.: Built for Bond - Aston Martin debuts unique car for Spectre. Herausgegeben von: Aston Martin. Stand: 4. Dezember 2014. URL: http://www.astonmartin.com/en/live/news/2014/12/04/built-for-bond-aston-martin-debuts-unique-car-for-spectre (abgerufen am 16. Januar 2015).

o.V.: US-Filmstudio MGM ist pleite. Herausgegeben von: Zeit Online. Stand: 4. November 2010. URL: http://www.zeit.de/wirtschaft/2010-11/mgm-insolvenz-2 (abgerufen am 16. Januar 2015).

RENNER Cornelius / REICHELT Anja / DANZIGER Christine: Product Placement. Herausgegeben von: Medienrecht-blog.com. Stand: 16. Januar 2015. URL: http://medienrecht-blog.com/a-z/product-placement-2/ (abgerufen am 16. Januar 2015).

SAUER Abe: Product Placement Sees Global Rise as Fans Face Saturated Entertainment. Herausgegeben von: brandchannel.com. Stand: 24. April 2013. URL: http://www.brandchannel.com/home/post/2013/04/24/Product-Placement-On-The-Rise-042413.aspx (abgerufen am 16. Januar 2015).

SAUER Abe: Dodge Gets Fast and Furious. How Film Rebuilt a Classic Car Brand. Herausgegeben von: brandchannel.com. Stand: 9. Mai 2013. URL: http://www.brandchannel.com/home/post/2013/05/09/Dodge-Fast-And-Furious-050913.aspx (abgerufen am 16. Januar 2015).

SAUER Abe: The Envelope, Please. The 2014 Brandcameo Product Placement Awards. Herausgegeben von: brandchannel.com. Stand: 27. Februar 2014. URL: http://www.brandchannel.com/home/post/2014/02/27/140227-2014-Brandcameo-Product-Placement-Awards.aspx (abgerufen am 16. Januar 2015).

SAUER Abe: Sony casts Belvedere Vodka for James Bond Spectre Product Placement. Herausgegeben von: brandchannel.com. Stand: 16. Dezember 2014. URL: http://www.brandchannel.com/home/post/2014/12/16/141216-Bond-Spectre-Product-Placement.aspx (abgerufen am 16. Januar 2015).

BILDQUELLEN:

Abbildung 1:

http://1.bp.blogspot.com/-1zyKFDDBAqQ/UZCojh_RABI/AAAAAAAAAKM/4YNq-BYzSwUE/s1600/4Ps-of-Marketing-Business-Master.gif

Abbildung 2:

BURMANN Christoph / WEGENER Katrin: Product Placement – State Of The Art und Forschungsbedarf. Arbeitspapier No. 52, S. 24. Bremen 2013.

Abbildung 3:

http://de.autoviva.com/img/photos/309/audi_rsq_large_34309.jpg

Abbildung 4:

http://www.audi.de/content/de/brand/de/vorsprung_durch_technik/content/2013/08/virtu-eller-audi/_jcr_content/contenttop/image_small.img.jpg/1383124773358

Abbildung 5:

SAUER Abe: Product Placement Sees Global Rise as Fans Face Saturated Entertain-ment. Herausgegeben von: brandchannel.com. Stand: 24. April 2013. URL: http://www.-brandchannel.com/home/post/2013/04/24/Product-Placement-On-The-Rise-042413.aspx (abgerufen am 16. Januar 2015).

Abbildung 6:

http://www.luxurydaily.com/wp-content/uploads/2013/09/armani.set_.jpg

Abbildung 7:

http://www.bourbonblog.com/wp-content/uploads/2012/11/Heineken_Skyfall_Beer_pack.jpg

Abbildung 8:

RATHMANN Peggy / ENKE Margit: Product Placement. Kommunikation jenseits klassi-scher Werbung. In: transfer - Werbeforschung & Praxis, Nr. 57 (4), S. 37-42. Hamburg 2011.

Abbildung 9:

http://www.heyuguys.com/images/2011/04/I-Robot-Converse-2.jpg

http://images2.fanpop.com/image/photos/10400000/Spooner-s-Converse-i-ro-bot-10425319-512-342.jpg

Abbildung 25:

http://commanderbond.net/wp-content/uploads/2014/12/BV_007_Silver-Saber3.jpg

Anlagen

FRAGEBOGEN

Product Placement in
internationalen Filmproduktionen

Sehr geehrte/r Teilnehmer/in,

vielen Dank für die Mitwirkung an dieser Erhebung, die ich für meine Bachelorarbeit an der Fakultät Medien der Hochschule Mittweida durchführe.

Die folgenden Fragen dienen der Erforschung von Produktplatzierungen in internationalen Kinofilmen. Dabei handelt es sich um die gezielte Darstellung von Markenprodukten, vorhanden entweder im Bildhintergrund oder auch von Akteuren benutzt oder gar genannt.

Alle Angaben werden selbstverständlich vollständig anonym behandelt und ausschließlich für medienerziehende Schlussfolgerungen genutzt. Es sind keinerlei Rückschlüsse auf die ausfüllende Person möglich.

Das Ausfüllen des vorliegenden Fragebogens nimmt etwa 10 Minuten in Anspruch. Bitte beantworten Sie alle Fragen spontan und springen Sie nicht auf vorherige Fragen zurück.

Bei Fragen wenden Sie sich bitte unter zscheile@isa21.de an mich.
Viel Spaß beim Ausfüllen des Bogens und herzlichen Dank für Ihre Mithilfe!

Enrico Zscheile

1. Wie finden Sie Werbung für Produkte, wenn sie offen und direkt erfolgt?

Sehr schlecht	❑	❑	❑	❑	❑	❑	Sehr gut
	1	2	3	4	5	6	

2. Wie finden Sie Werbung für Produkte, wenn sie verdeckt stattfindet?

Sehr schlecht	❑	❑	❑	❑	❑	❑	Sehr gut
	1	2	3	4	5	6	

3. Ist Ihnen beim Ansehen von Filmen (in Kino / Heimkino) in letzter Zeit eine im Film platzierte Produktwerbung aufgefallen?

   ❑ ja ❑ nein

   Wenn ja, um welche Produkte hat es sich dabei gehandelt?
   ....
   ....
   ....
   ....
   ....

4. Erinnern Sie sich bitte an Filme, die Sie früher einmal gesehen haben. In welchen Filmen haben Sie Product Placement deutlich wahrnehmen können?
   ....
   ....
   ....
   ....
   ....

5. Akzeptieren Sie es generell, dass durch Industrie und Firmen Produktplatzierungen in Filmen vorgenommen werden?

   ❑ ja ❑ nein

6. Welche Art der Produktplatzierung könnten Sie akzeptieren? In der nachfolgenden Tabelle finden Sie Formen von Product Placement erklärt. Beantworten Sie für jede Zeile der Tabelle, ob Sie diese Form akzeptieren könnten.

Art	Beschreibung	Akzeptanz
Verbal Placement	Nennen der Marke durch Filmcharaktere	❑ ja ❑ nein
Titelpatronat	Integration in den Titel eines Films	❑ ja ❑ nein
Corporate Placement	Nennung eines Unternehmens oder Zeigen eines Firmenlogos	❑ ja ❑ nein
Politisches Placement	Platzierung von Ansichten von Interessenverbänden und politischen Gruppierungen	❑ ja ❑ nein
On-Set Placement	Produkt ist für den Handlungsablauf unwichtig, es tritt am Rande und für einen kurzen Zeitraum auf	❑ ja ❑ nein
Creative Placement	Produkt nahtlos in die Handlung integriert / erfüllt im Film einen Zweck	❑ ja ❑ nein
Generic Placement	weder das Markenlogo ist zu sehen, noch wird der Hersteller genannt, nur Nennung einer bestimmten Produktgattung (Beispiel: im Film wird oft Limonade getrunken / Zigaretten geraucht)	❑ ja ❑ nein
Music Placement	Platzierung von real existierenden Musikstücken, die nicht zum offiziellen Soundtrack gehören	❑ ja ❑ nein
Country Placement	Platzierung von Städten, Ländern, Orten mit dem Ziel der Tourismussteigerung (Beispiel: Herr der Ringe - Neuseeland)	❑ ja ❑ nein
Celebrity Placement	Lifestyleprodukte wie Uhren, Autos oder Designerkleidung werden kostenlos oder gegen Honorar an Schauspieler, Sportler oder andere Prominente abgegeben	❑ ja ❑ nein

7. Welche Firmen, Unternehmen oder Branchen nutzen Ihrer Meinung nach die
   Methode der Produktplatzierung in Filmen am häufigsten?
   ....
   ....
   ....
   ....

8. Finden Sie es bedenklich, für eine Produktplatzierung in Filmen die Filmschaffenden
   oder Schauspieler zu bezahlen?

Ethisch bedenklich	❑	❑	❑	❑	❑	❑	Ethisch unbedenklich
	1	2	3	4	5	6	

9. Wenn Sie zurückblicken, gibt es heute mehr oder weniger Product Placement in
   Filmen? Schätzen Sie, auch wenn Sie es nicht genau wissen.

Weniger	❑	❑	❑	❑	❑	❑	Mehr
	1	2	3	4	5	6	

10. Glauben Sie, dass Sie selbst bereits schon einmal aufgrund der werbenden Wirkung
    einer Produktplatzierung im Film einer Werbebotschaft gefolgt sind und einen
    Gegenstand oder ein Produkt erworben haben?

    ❑ ja ❑ nein

    Wenn ja, wie oft?

Selten	❑	❑	❑	❑	❑	❑	Sehr oft
	1	2	3	4	5	6	

11. Im Vergleich zu heute: welche Vorgehensweise würden Sie bevorzugen?

    ❑ Weniger Product Placement im Film + mehr Kinowerbung vor dem Film
    ❑ Verhältnis wie derzeit
    ❑ Mehr Product Placement im Film + weniger Kinowerbung vor dem Film

12. Durch Product Placement erzielen die Filmproduzenten Einnahmen, welche in den Film
    investiert werden können. Wie hoch schätzen Sie den durchschnittlichen Anteil dieser
    Einnahmen am Budget / den Produktionskosten eines Kinofilms ein?

Anteil Einnahmen PP am Budget	❑	❑	❑	❑	❑	❑	❑	❑	❑	❑	❑
	0%		20%		40%		60%		80%		100%

**Beantworten sie bitte abschließend folgende Fragen, indem sie das Zutreffende
ankreuzen bzw. eintragen:**

Geschlecht: ❑ weiblich   ❑ männlich   **Alter:** .... Jahre

Ich studiere seit: .... **Studienrichtung:** ....

Ich habe selber schon einmal in der Werbebranche gearbeitet: ❑ ja ❑ nein

Vielen Dank für Ihre Mithilfe!

Anlage 2:..Detaillierte Befragungsergebnisse zum Fragebogen

Tabelle 3: Häufigkeit der Branchen und Produkte

Produkt	Häufigkeit absolut
Apple	**23**
Mercedes-Benz	4
Öl	1
Müller Milchreis	1
Britische Automarken	1
Autos	**18**
Opel	1
Coca Cola	**11**
Nike	3
Audi	2
BMW	**6**
Starbucks	2
Sony	1
Pizza Hut	1
Handys	4
Kleidung	**6**
Getränke	**8**
Essen	3
Red Bull	2
Bier	4
Alkohol	1
Zigaretten	2
Coffee to go	1
Parfüm	2
Sprite	1
Bärenmarke	1
Pflegeprodukte	1
Laptops	1
Uhren	1

Schmuck	1
Samsung	2
Supermarktkette	1
Dell	1
Toyota	1
VW	3
Acer	1
Blackberry	1
Google	2
Yahoo	1
Facebook	1
Pepsi	2
Adidas	2
Hollister	1
Elektroartikel	1
Limonaden	1
Skyy Wodka	1
Sneakers	1
McDonalds	1
Subway	1
Dr. Peppers	1
Playstation Vita	1
Marlboro	1
Telekom	1

Tabelle 4: Nennungen von Filmproduktionen mit PP

Der Herr der Ringe	1
Super Mario Brothers	1
Deutsche Filme	1
Stromberg	2
James Bond	**17**
PraktiCom	1
Till Schweiger Filme/ Schutzengel	2
Die Schlümpfe	1
Keinohrhasen	1
Fack ju Göthe	1
Two and a Half Men	1
The Big Bang Theory	**3**
House of Cards	1
Can a song save your life?	1
Sex and the City	**8**
Türkisch für Anfänger	1
Zoolander	1
Transformers	1
Men in Black	1
Jurassic Park	1
Der Schlussmacher	1
Der Teufel trägt Prada	**3**
Scott Pilgrim vs. the World	1
Shawn of the Dead	1
Flight	2
Catch me if you can	1
American Hustle	1
Mission: Impossible	2
The Transporter	1
Freunde mit gewissen Vorzügen	1
ET	1
Numbers	1

Bones	1
How I met your Mother	2
Criminal Minds	1
Fast & Furious	1
The Bachelor	1
Avengers	1
Red	1
Dallas	1
Mr. Robinson	1
Crank	1

Tabelle 7: Unternehmen und Branchen mit häufigem PP

Genannte Unternehmen und Branchen	Häufigkeit
Elektronik	**9**
Handys	**10**
Mode	**10**
Apple	**31**
Microsoft	2
Mercedes-Benz	**10**
Autos	**36**
Nahrungsmittel	7
Coca Cola	**31**
Nike	1
Sony	4
Audi	3
Marlboro	4
BMW	**10**
Kosmetik	3
McDonalds	5
Red Bull	1
Laptop / PC / Tablet	7
Tabak	**11**
Alkohol	7
Nestle	2
VW	1
Lifestyle	2
Uhren	1
Waffen	1
Getränke	8
Amarula	1
Porsche	1
Soziale Netzwerke / Suchmaschinen	1
Fast Food	3

Pepsi	1
Rolex	1
Samsung	1
Pizza Hut	1
Google	2
Musikbranche	1
Subway	1
Prada	1
Chanel	1
Starbucks	1
Telekom	1
Süßigkeiten	1
Opel	1

Tabelle 16: Häufigkeit der Branchen und Produkte

Produkt	Häufigkeit absolut
Apple	17
Martini	1
Coca Cola	13
Sony	1
JBL	1
BMW	2
Tesla	2
Mercedes-Benz	3
Autos	17
Bier	4
Uhren	1
Parfüm	1
Computer	7
Handy	5
Gillette	1
Radeberger	3
Lebensmittel	1
VW	1
KFC	1
Samsung	1
Chevrolet	2
Getränke	3
Red Bull	1
Miller	1
McDonald's	1
Airberlin	1
Pepsi	3
Elektronik	3
Textilien	2
Ford	1

Kopfhörer	1
Google	1
Windows Phone	1
Carlsberg	1
Interstuhl	1
Audi	1
Becks	1
Mini	1
Blackberry	1

Tabelle 17: Nennungen von Filmproduktionen mit PP

Transporter	1
Prakticom	1
James Bond	21
Ritter aus Leidenschaft	1
Star Trek	1
Paris, Las Vegas	1
Atemlos	1
Bruce Almighty	1
Evolution	1
The Expendables	2
Was Frauen wollen	1
Falling Down	1
The Big Bang Theory	1
Two and a half Men	1
Guardians of the Galaxy	1
I, Robot	3
Salt	1
Wächter der Nacht	1
Transformers	5
Beastly	1
The Tourist	1
Zombieland	1
Mission Impossible	1
Super size me	1
Catch me if you can	1
Hangover	1
The Italian Job	2
Sex Tape	5
Cast Away	2
Iron Man	2
I Am Legend	1
Stirb Langsam	1

Tron	1
Demolition Man	1
Collateral	1
Hancock	1
Fast & Furious	3
Chuck	1
Gone Girl	1
Sex and the City	2
Der Schlussmacher	1
Amelie	1
National Treasure	1
Dallas	1
Notting Hill	1
22 Jump Street	1
Men in Black	1

Tabelle 20: Unternehmen und Branchen mit häufigem PP

Genannte Unternehmen und Branchen	Häufigkeit
Bekleidung	6
Getränke	12
Elektrogeräte	8
Autos	24
Dienstleistungsunternehmen	1
Nahrungsmittel	4
Lifestyle-Produkte	2
Apple	14
Coca-Cola	13
Kelloggs	1
Pepsi	2
Mercedes-Benz	3
BMW	4
Computer	2
Budweiser	1
Red Bull	1
Fast Food	1
Schmuck	3
Handys	4
Beauty	1
Google	1
Microsoft	2
Nike	1
Adidas	1
Musiker	1
Audi	2
Luxusprodukte	1
Dell	1
Starbucks	1
HP	1

Sony	2
Samsung	1
Fluglinien	1
Zigaretten	1
Bier	2
Einrichtungshäuser	1
GM	1
Ford	1
Toyota	1

6428432R00084

Printed in Germany
by Amazon Distribution
GmbH, Leipzig